L'ANTIQUAIRE ;

PAR

SIR WALTER SCOTT.

TRADUCTION NOUVELLE.

TOME TROISIÈME.

PARIS.

1827.

L'ANTIQUAIRE;

PAR

SIR WALTER SCOTT.

TRADUCTION NOUVELLE.

TOME TROISIÈME.

AVIGNON,

PIERRE CHAILLOT JEUNE,

IMP.-LIB. PLACE DU PALAIS.

1827.

L'ANTIQUAIRE.

CHAPITRE PREMIER.

Environ une semaine après les aventures rapportées dans le dernier chapitre, M. Old-buck descendant un matin dans son salon à manger, trouva que ses femelles n'étaient pas à leurs devoirs, que sa rôtie n'était pas faite, et que sa coupe d'argent où il faisait ses liba-tiont de *mum* (bière) n'était pas préparée.

— Que Dieu confonde cet écervelé, dit-il en lui-même, maintenant qu'il est hors de danger, je ne puis supporter plus long-temps ce genre de vie. Tout va comme il peut; on di-rait qu'on a publié les saturnales dans ma mai-son jadis si paisible. Je demande ma sœur : point de réponse. J'appelle, je crie, j'invoque mes gens en leur donnant plus de noms que les romains n'en ont jamais donné à leur divinité. Enfin Jenny, dont j'entends depuis demi-heure la voix aigre dans les régions tartaréennes de la cuisine, daigne m'entendre, mais me ré-pond sans monter l'escalier, de sorte que je suis obligé de m'époumonner pour soutenir la conversation. Il recommença à crier : Jenny, où est miss Oldbuck.

—— Miss Grizzy est dans la chambre du capitaine.

—— Hem ! je le pensais bien ; et où est ma nièce ?

—— Miss Mary fait le thé du capitaine.

—— Hem ! je l'avais déjà supposé, et où se trouve Caxon.

—— A la ville, où il est allé chercher un fusil et un chien de chasse pour le capitaine.

—— Et qui diable me frisera ma perruque ? lorsque vous saviez que miss Wardour et sir Arthur devaient venir après déjeûner, pourquoi laissiez-vous Caxon faire les commissions de ce fou ?

—— Moi ? comment pouvais-je l'empêcher ? Votre honneur nous a défendu de contrarier le capitaine, et il est peut-être mourant.

—— Mourant ? qu'est-ce à dire ? Serait-il plus mal ?

—— Non pas que je sache.

—— Alors il doit être mieux ; et que veut-il faire ici d'un chien et d'un fusil, si ce n'est pas pour que l'un vienne gâter mes meubles, dévaster mon garde-manger, et peut-être étrangler mon chat, et pour se servir de l'autre pour casser la tête à quelqu'un ? N'a-t-il pas tiré assez de coups de fusil et de pistolet ?

En ce moment miss Oldbuck entra dans le salon, à la porte duquel Oldbuck soutenait cette conversation, en criant à Jenny, et Jenny lui répondant d'en bas sur le même ton.

— Pourquoi crier ainsi, mon frère, lui dit-elle, lorsqu'il y a un malade dans la maison ?

— Sur ma parole, ce malade a à sa disposition toute ma maison. Je me passe de déjeûner ; il faudra que je me passe de perruque, et je n'ose dire que j'ai faim ou soif de peur de troubler le repos du gentilhomme malade, qui occupe six chambres et qui se sent assez bien pour envoyer chercher son chien et son fusil, quoiqu'il sache que je déteste ces objets, depuis que mon pauvre frère Williewald est mort d'une sueur rentrée qu'il avait prise en chassant dans les marais de Kittlefitting. Mais tout cela n'est rien, je suppose qu'on attend de moi que je donnerai la main à l'écuyer Hector pour le conduire dans sa litière, d'où il pourra tirer à volonté sur mes pigeons et mes dindons. Je pense que les *feræ naturæ* sont à l'abri de ses coups pour quelque temps.

Miss Mac-Intyre entra et se hâta de préparer le déjeûner de son oncle avec la célérité d'une personne en retard et qui veut réparer le temps perdu. Mais cela ne la mit pas à l'abri de la mauvaise humeur de son oncle. —— Prenez garde, étourdie ; c'est trop près du feu ; le pot va verser ; vous voulez réduire ma rôtie en cendres, pour en faire une offrande à Junon, la chienne que votre sage frère a introduite dans ma maison, dans le premier moment d'une mûre réflexion, pour aider mes autres femelles dans leurs conversations et leurs rapports avec lui.

—— Mon cher oncle, ne vous mettez pas en colère contre cette pauvre bête ; elle avait été attachée à Fairport dans le logement de mon frère, et elle a deux fois rompu sa chaîne pour venir le trouver ; vous ne voudriez pas que nous la missions à la porte ; elle gémit comme si elle avait quelque idée des malheurs d'Hector, et elle ne veut pas quitter sa chambre.

—— Et l'on dit que Caxon est allé chercher à Fairport son fusil et son chien ?

—— Oh ! mon Dieu, non, il partait pour chercher quelques habits nécessaires, et Hector l'a prié d'apporter en même temps son fusil, puisqu'il allait à Fairport.

—— Allons, la commission n'est pas aussi folle ; on pense à ses habits, mais qui m'arrangera ma perruque ? Jenny pourra y donner un coup de peigne, dit-il en se regardant dans un miroir. Déjeûnons enfin, quel que soit mon appétit. Je pourrais dire à Hector ce que sir Isaac Newton disait à son chien Diamant, lorsque l'animal (je déteste les chiens) renversa le chandelier sur des calculs auxquels le philosophe s'occupait depuis vingt ans, et y mit le feu : Diamant, Diamant, tu connais peu le mal que tu as fait !

— Je vous assure, mon oncle, que mon frère se répend de sa conduite emportée, et qu'il rend justice à la manière d'agir de M. Lovel.

— Et cela nous avance beaucoup, lorsqu'il a effrayé ce pauvre garçon et l'a fait enfuir de ce pays. Je vous dis, Mary, que l'intelligence d'Hector, et encore moins celle d'une femme, n'est pas en état de juger de l'étendue de la perte qu'il a occasionnée au siècle présent et à la postérité : *aureum quidem opus* ; un poëme sur un tel sujet ! avec des notes expliquant tout ce qui est clair et tout ce qui est obscur, et tout ce qui n'est ni clair ni obscur, et qui se trouve dans un crépuscule douteux dans la région des antiquités calédoniennes. J'aurais voulu voir la mine des panégyristes de Celtes en les lisant ; Fingal, c'est ainsi qu'ils appellent Fin-Mac-Coul, aurait disparu devant mes recherches, et se serait évanoui dans les nuages comme l'esprit de Loda. Une telle occasion était une bonne fortune pour un homme de mon âge, et la voir perdre par l'étourderie d'un jeune fou ! Mais je m'y soumets.... que la volonté du ciel s'accomplisse !

L'antiquaire continua à murmurer pendant tout le temps du déjeûner ; tandis qu'en dépit du sucre et du miel, et de toutes les confitures en usage en Écosse, ses réflexions rendaient tout amer à ceux qui les entendaient. Mais ils connaissaient son naturel. — Les aboiements de Monkbarns, disait miss Griselda Oldbuck dans un entretien confidentiel avec miss Rebecca Blattergowl, sont plus à craindre que sa morsure.

Il avait eu de grandes inquiétudes, tant que son neveu avait été en danger, et maintenant en le voyant se tirer d'affaire, il se livrait librement à sa mauvaise humeur que lui causaient le trouble qui régnait dans sa maison et le dérangement de ses travaux sur l'antiquité. Écouté dans un respectueux silence par sa nièce et par sa sœur, il donnait cours à son mécontentement par des murmures et des sarcasmes contre les femmes , les soldats, les chiens et les fusils , qui ne sont que des sujets de bruit , de discorde et de tumulte , qu'il avait en horreur.

Cet accès de mauvaise humeur fut tout-à-coup interrompu par l'arrivée d'une voiture ; Oldbuck courut à la hâte pour recevoir miss Wardour et son père à la porte de sa maison.

Ils se saluèrent cordialement. Sir Arthur , tout en rappelant ses lettres et ses messages à ce sujet s'informa de la santé du capitaine Mac-Intyre.

— Elle est meilleure qu'il ne le mérite , répondit Oldbuck , meilleure qu'il ne le mérite , pour avoir troublé la paix de Dieu et du roi.

— Ce jeune gentilhomme a été imprudent, dit sir Arthur ; mais nous lui avons l'obligation d'avoir fait connaître le caractère suspect du jeune Lovel.

— Il n'est pas plus suspect que le sien ; ce jeune gentilhomme s'est montré entêté en refusant de répondre aux questions impertinentes d'Hector, voilà tout. Lovel sait mieux choisir ses confidents , sir Arthur ; oui , miss Wardour, vous pourrez me regarder ; mais c'est la vérité : c'est dans mon sein qu'il a déposé le secret de sa résidence à Fairport , et j'aurais tout tenté pour l'aider dans l'entreprise où il s'est consacré.

En entendant cette magnanime déclaration de l'antiquaire , miss Wardour changea plus d'une fois de couleur , et pouvait à peine en croire ses oreilles. En effet , de tous les confidents qu'on pouvait choisir pour une affaire d'amour , et elle supposait naturellement que telle avait dû être la communication de Lovel , Oldbuck (Edie Ochiltree excepté) semblait le moins propre et le plus extraordinaire ; et elle ne pouvait assez s'étonner du concours de circonstances singulières qui avaient mis un tel secret au pouvoir de personnes si peu propres à le recevoir. Elle avait à redouter la manière dont Oldbuck parlerait de cette affaire à son père , car elle ne doutait pas que ce ne fût son intention. Elle savait bien que cet honnête gentilhomme , quelque entêté qu'il fût dans ses préjugés , n'avait guères de condescendance pour ceux des autres , et elle avait à craindre une explosion violente , s'il y avait entr'eux quelque éclaircissement. Ce fut donc avec une grande inquiétude qu'elle entendit son père demander un entretien particulier , et qu'elle vit Oldbuck se lever et prendre le chemin de sa bibliothèque. Elle resta avec les dames de Monkbarns, tâchant de converser avec elles, mais pouvant à peine cacher son anxiété. Cependant l'entretien des deux savants tourna sur un sujet bien différent de celui que miss Wardour redoutait.

— M. Oldbuck, dit sir Arthur, lorsqu'après les cérémonies d'usage, ils se furent assis dans son salon d'antiquités; vous qui connaissez si bien mes affaires de famille, vous serez probablement surpris de la question que je vais vous faire.

— S'il s'agit d'argent, sir Arthur, je suis bien fâché, mais....

— Il s'agit d'argent, M. Oldbuck.

— En vérité, sir Arthur, continua l'antiquaire, dans l'état actuel des fonds, lorsque les effets publics sont si bas....

— Vous ne me comprenez pas, M. Oldbuck, dit le baronnet; je voulais vous demander votre avis sur le placement d'une forte somme d'argent.

— Diable! s'écria l'antiquaire; mais sentant que cette exclamation involontaire d'étonnement n'était pas trop polie; il s'excusa en l'attribuant à la joie de ce que sir Arthur possédait une forte somme lorsque l'argent était si rare. Quant au mode de placement, les fonds sont bas maintenant, comme je vous l'ai dit, et on pourrait acheter des terres à bon marché. Mais ne feriez-vous pas mieux de commencer par vous débarrasser de vos dettes ? j'ai ici un petit billet de votre main avec trois autres signatures, continua-t-il en prenant un petit livre rouge donc sir Arthur abhorrait la vue ; qui avec les intérêts mon-tent.... Voyons....

— A environ mille livres, dit vivement sir Arthur, vous m'en avez dit le montant l'autre jour.

— Mais il y a depuis lors un autre terme échu, et le tout se monte, sauf erreur, à onze cent trente livres sept shillings, cinq pennies et trois-quarts d'un penny sterling ; mais re-gardez vous-même le calcul.

— Il ne peut être que juste, mon cher monsieur, dit sir Arthur, en repoussant le livre comme on cherche à éluder la civilité de l'ancien temps qui veut vous forcer à man-ger, lorsque vous êtes rassasiés ; il est très-juste et dans deux ou trois jours vous en tou-cherez le montant, c'est-à-dire, si vous voulez l'accepter en lingots.

— En lingots ! de plomb, vous voulez dire?

Que diable ! avez-vous enfin trouvé la veine ?
mais que voulez-vous que je fasse de la valeur
de plus de mille livres en plomb ? les anciens
abbés de Trotcosey en auraient couvert leur
église et leur monastère , mais moi....

— Par lingots , dit le baronnet, j'entends
des métaux précieux , d'or et d'argent.

— Oui , vraiment ? Et de quel Eldorado
tirez-vous ce trésor ?

— Il n'est pas loin d'ici, dit sir Arthur
d'un air significatif ; et, maintenant que j'y
pense , vous verrez toute l'opération , à une
petite condition.

— Et laquelle ? demanda l'antiquaire ?

— En m'avançant amicalement une centaine de livres ou environ.

M. Oldbuck , qui touchait déjà en idée le
montant, principal et intérêts, d'une dette
qu'il avait long-temps regardée comme perdue , fut si étonné de ce changement soudain,
qu'il ne put que répéter avec un accent de
surprise ces mots : Avancer une centaine de
livres !

— Oui, mon bon monsieur , continua sir
Arthur, vous pouvez le faire avec l'assurance
d'être payé dans l'espace de deux ou trois
jours.

Il y eut un moment de silence, soit que Oldbuck ayant la bouche béante ne pût encore prononcer non, soit que sa curiosité l'empêchât de parler.

— Je ne vous proposerais pas de me rendre ce service continua sir Arthur; si je ne possédais pas des preuves certaines de la réalité des espérances que je vous fais concevoir. Je vous assure, M. Oldbuck, qu'en vous faisant cette proposition, je n'ai voulu que vous montrer ma confiance et ma reconnaissance pour l'amitié que vous m'avez témoignée en tant d'occasions.

M. Oldbuck s'inclina gracieusement, mais évita avec soin de s'engager par aucune promesse.

— M. Dousterswivel, dit sir Arthur, ayant découvert....

Oldbuck l'interrompit, les yeux enflammés d'indignation. — Sir Arthur, je vous ai si souvent averti de la fourberie de ce scélérat, que je suis étonné que vous veniez encore m'en parler.

— Mais écoutez, écoutez, interrompit à son tour sir Arthur, il ne vous en arrivera pas de mal. Bref, Dousterswivel m'a persuadé d'être témoin d'une expérience qu'il a faite

dans les ruines de Saint-Ruth ; et que croyez-
vous que nous ayons trouvé ?

— Une autre source d'eau , je suppose ,
que le fripon avait eu soin de reconnaître
d'avance.

— Non vraiment; une boîte pleine de monnaies d'or et d'argent que voici.

A ces mots sir Arthur tira de sa poche une
grande corne de bélier, avec un couvercle de
cuivre , contenant une quantité assez considérable de pièces de monnaie , dont la plupart
étaient d'argent , et un petit nombre d'or.

— Sur ma parole , voilà des monnaies écossaises , anglaises et étrangères du quinzième
et du seizième siècle , et quelques-unes sont
rari , et rariores , etiam rarissimi ! Voici le
bonnet de Jacques V, la licorne de Jacques II ,
le teston d'or de la reine Marie , avec son
effigie et celle du Dauphin. Et tout cela a été
réellement trouvé dans les ruines de Saint-
Ruth ?

— Assurément ; mes yeux en ont été témoins.

— Bon, répondit Oldbuck ; mais dites-moi
quand , où et comment.

— Quand ? répondit sir Arthur , c'était à
minuit lors de la dernière pleine-lune ; où ?

je vous l'ai dit, dans les ruines du prieuré de Saint-Ruth ; comment ? par une expérience nocturne de Dousterswivel accompagné de moi seul.

— Vraiment ! dit Oldbuck ; et quels moyens employa-t-il pour faire cette découverte?

— Une simple fumigation ; dit le baronnet, accompagnée de l'influence de l'heure planétaire.

— Une simple fumigation ? vous voulez dire une mystification ; l'heure planétaire ? l'heure des dupes ; *sapiens dominabitur astris.* Mon cher sir Arthur, ce drôle a fait de vous, une oie sous terre, une oie sur terre, et il aurait fait de vous une oie dans l'air, s'il s'était trouvé à Halket-head, lorsque vous étiez suspendu au bout d'une corde ; alors la transformation serait arrivée fort à-propos.

— M. Oldbuck, je vous remercie de l'opinion que vous avez de mon discernement ; mais j'espère que vous croirez que j'ai vu, ce que je dis avoir vu.

— Certainement, sir Arthur, dit l'antiquaire, et tant que sir Arthur Wardour ne dira jamais qu'il a vu une chose sans croire l'avoir vue.

— Eh bien donc, repondit le baronnet,

comme il y a un ciel au-dessus de nous,
M. Oldbuck, j'ai vu de mes propres yeux ces
monnaies trouvées dans le chœur de Saint-
Ruth, à minuit. Quand à Dousterswivel,
quoique la découverte soit due à sa science,
cependant, à dire vrai, je ne crois pas qu'il
eût eu le courage d'aller jusqu'à la fin, si je
n'avais pas été à côté de lui.

— Vraiment ? dit Oldbuck du ton d'un
homme qui désire entendre la fin d'une histoire ! avant de faire aucun commentaire.

— Oui, vraiment, continua sir Arthur ; je
vous assure que j'étais sur mes gardes ; nous
entendîmes s'élever du milieu des ruines des
sons extraordinaires.

— C'était sans doute quelqu'un de ses com-
plices qui s'y était caché ?

— Pas du tout ; dit le baronnet ; quoique
ces sons eussent un caractère effrayant et sur-
naturel, ils ressemblaient plus à ceux d'un
homme qui éternue violemment qu'à toute
autre chose, j'entendis encore un profond
gémissement, et Dousterswivel m'a assuré
qu'il avait vu l'esprit Peolphan, le grand
chasseur du nord, (voyez sur ce sujet Ni-
colas Remigius, ou Petrus Thyracus) qui
imitait l'action de prendre du tabac et ses
effets.

— Ces gestes , quelque singuliers qu'ils
paraissent dans un tel personnage , semblent
avoir été faits fort à propos , dit l'antiquaire ,
car la corne où sont renfermées ces pièces de
monnoie , a toute la forme d'une ancienne tabatière écossaise. Mais vous avez persévéré ,
malgré la peur que voulait vous causer cet esprit éternuant.

— Je crois qu'un homme de moindre importance et de moins de courage que moi aurait succombé à la frayeur ; mais, craignant
quelque imposture , et me rappelant ce que je
devais à ma famille en conservant mon courage dans toute circonstance , je forçai Dousterswivel , par les menaces les plus fortes , de
continuer son expérience , et la preuve de sa
science et de sa probité , est dans cette quantité de pièces d'or et d'argent où je vous prie
de choisir les médailles qui conviendront le
mieux à votre collection.

— Puisque vous avez cette bonté , sir Ar-
tur , et à condition que nous en déduirons la
valeur d'après l'appréciation et le catalogue
de Pinkerton , du montant de votre compte
écrit sur le livre rouge , je prendrai la liberté
de choisir....

— Je n'entends pas , dit sir Arthur Wardour , que vous les regardiez autrement que comme un présent d'amitié , et d'ailleurs je ne m'en rapporterais pas à votre Pinkerton , qui a attaqué ces anciennes et vénérables autorités sur lesquelles repose le crédit des antiquités écossaises.

— Vous voulez parler, dit Oldbuck , de Mair et de Boece, de Jachin et de Boaz ; leurs écrits ne sont pas de l'histoire , ce ne sont que des faussetés ; mais votre Dousterswivel est aussi apocryphe qu'aucun d'eux.

— Je ne veux pas renouveler d'anciennes disputes, dit sir Arthur ; vous supposez parce que je crois à l'histoire ancienne de mon pays, que je n'ai pas des yeux pour voir et des oreilles pour entendre ce qui se passe autour de moi ?

— Pardonnez-moi, sir Arthur , mais je regarde cette affectation de terreur de votre digne coadjuteur, comme faisant partie du rôle qu'il a joué. Mais ces pièces de monnoie sont de tant d'époques différentes que je ne puis les regarder comme un trésor, mais plutôt comme ces bourses placées sur la table de l'homme de loi d'Hudibras , qui semblables à l'œuf qu'on place dans un nid, sont là pour engager les cliens à en déposer une. Le

charlatanisme est de toutes les professions.
Mon cher sir Arthur, puis-je vous demander
combien vous a coûté cette découverte ?

— Environ dix guinées.

— Ce que vous avez gagné en a peut-être
vingt de valeur intrinsèque et une fois autant
pour des fous comme nous , qui payons pour
satisfaire notre curiosité. Ce n'est qu'une
amorce pour vous tenter. Et que vous pro-
pose-t-il de hasarder encore ?

— Cent cinquante livres ; je lui ai donné
le tiers de cette somme , et j'ai compté sur
vous pour la compléter.

— Je ne crois pas que ce soit le coup de
grace ; il nous laissera encore gagner cette
partie , en joueur habile. Sir Arthur , j'espère
que vous croyez que je désire vous être utile.

— Certainement, M. Oldbuck ; je crois
que ma confiance en vous en ces occasions ne
vous permet pas d'en douter.

— Eh bien donc , laissez-moi parler à
Dousterswivel. Si en avançant pour vous cet
argent , il peut vous être utile et avantageux ,
il ne vous manquera pas ; mais si, comme je le
crois , je puis retrouver ce trésor pour vous
sans faire cette avance , vous n'aurez rien à y
opposer, je pense ?

— Non , certainement.

— Où donc est Dousterswivel ? demanda l'antiquaire.

— A vous dire vrai , il est en bas dans ma voiture ; mais connaissant vos préjugés contre lui....

— Graces à Dieu , sir Arthur , je n'ai de préjugés contre personne, ce sont les systèmes , et non les individus que je blâme. Il tira le cordon de sa sonnette. Jenny , allez prévenir M. Dousterswivel , qui est dans la voiture de sir Arthur , que nous lui présentons nos respects et que nous désirons avoir le plaisir de lui parler.

Jenny partit et accomplit son message. Le projet de Dousterswivel n'avait jamais été d'initier M. Oldbuck dans ses mystères supposés. Il avait compté que sir Arthur obtiendrait la somme nécessaire sans avoir besoin de dire à quoi elle devait être employée , et il n'attendait en bas que dans le dessein de s'en emparer le plutôt possible ; car il prévoyait que sa carrière touchait à sa fin. Lorsqu'il fut appelé en la présence de sir Arthur et de M. Oldbuck , il résolut bravement de se fier sur son impudence dont la nature l'avait largement doué , comme le lecteur peut l'avoir observé.

CHAPITRE II.

—Comment vous portez-vous, mon bon M. Oldenbuck ? J'espère que votre jeune neveu, le capitaine Mac-Intyre se porte mieux ? Hélas ! C'est une vilaine chose que de voir de jeunes gentilshommes se lancer des balles de plomb dans le corps l'un de l'autre.

— Les aventures où le plomb entre pour quelque chose sont assez désagréables, M. Dousterswivel, dit l'antiquaire ; mais j'apprends avec plaisir par mon ami sir Arthur, que vous avez choisi un commerce plus lucratif, et que vous êtes devenu chercheur d'or.

— Ah ! M. Oldenduck, mon bon et honoré patron n'aurait pas dû vous dire un mot de cette affaire ; car, quoique j'aie une grande confiance en la discrétion et la prudence de M. Oldenbuck et en son amitié pour sir Arthur Wardour, cependant par le ciel ! c'est un important secret !

— Plus important que le métal que nous en retirerons, répondit Oldbuck.

— C'est-à-dire pourvu que vous ayez la foi et la patience nécessaires pour cette grande

expérience. Sir Arthur me donne cent cinquante livres, voyez pour preuve ce vilain
billet de cinquante livres de votre banque de
Fairport ; si vous voulez y en joindre autant,
vous aurez à la place de l'or et de l'argent purs,
je ne puis vous dire en quelle quantité.

— Et personne ne pourrait le dire plus que
vous, dit l'antiquaire. Mais écoutez, M. Dousterswivel : supposé que, sans troubler l'esprit
qui éternue par vos fumigations, nous allions
en corps, à la clarté du jour, et la conscience
pure, sans nous servir d'autres conjurations,
que de pioches et de bêches, nous fouillons le
sol du chœur de Saint-Ruth, nous nous assu-
rions de l'existence de ce trésor, sans faire
d'autres dépenses : les ruines appartiennent à
sir Arthur, et personne ne peut y trouver à
rédire. Croyez-vous que nous réussirons de
cette manière ?

— Bah ! vous ne trouverez pas seulement
un dé de cuivre ; mais sir Arthur peut agir
selon son bon plaisir. Je lui ai montré comment il était possible, très-possible de se procurer de grandes sommes d'argent pour ses
besoins. Je lui ai montré la grande expérience.
S'il n'y croit pas, M. Oldenbuck ; cela importe peu à Herman Dousterswivel ; il ne

fait que perdre l'or et l'argent ; voilà tout.

Sir Arthur Wardour jeta un regard timide sur Oldbuck, qui, surtout lorsqu'il était présent, avait une grande influence sur lui, malgré la différence fréquente de leurs opinions. En effet le baronnet sentait, quoiqu'il ne l'eût pas avoué volontiers, que son génie pâlissait devant celui de l'antiquaire. Il le respectait comme un esprit clairvoyant, droit et caustique, il craignait ses sarcasmes, et avait une grande confiance dans la sûreté de son jugement. Il le regardait donc comme s'il lui demandait la permission de se livrer à sa crédulité. Dousterswivel se vit en danger de perdre sa dupe, à moins qu'il ne fît une impression favorable sur son conseiller.

— Je sais, mon bon M. Oldenbuck, que c'est une sottise de vous parler d'esprits et de butins. Mais regardez cette corne curieuse ; je sais que vous connaissez les curiosités de tous les pays, et comment la grande corne d'Oldenburg, qu'on conserve encore dans le muséum de Copenhague, fut donnée au duc d'Oldenburg par un esprit femelle des bois. Quand je voudrais vous jouer quelque tour, le pourrai-je ? vous qui connaissez si bien toutes les curiosités, et voilà une corne pleine de pièces

de monnaie ; si ç'eut été une boîte, une cas-
sette, je n'aurais rien dit.

— Comme c'est une corne, dit Oldbuck,
elle vient à l'appui de votre raisonnement.
C'était un instrument que la nature produisait
seule, et qui était en usage chez les nations
barbares, mais aujourd'hui les progrès de la
civilisation font qu'on ne sert plus guères que
de cornes métaphoriques. Cette corne, dit-il
en la frottant contre sa manche, est un reste
aussi curieux que vénérable d'antiquité ; on en
voulait faire sans doute une *cornucopia* ou corne
d'abondance, mais il n'est guère probable que
ce fût pour l'adepte ou pour son patron.

— Je vous trouve toujours difficile à croire,
M. Oldbuck ; mais je vous assure que les moines connaissaient le *magisterium*.

— Parlons moins du *magisterium*, M. Dousterswivel, et pensons un peu plus au magistrat. Savez-vous que vos expériences sont con-
traires à la loi d'Ecosse, et que sir Arthur et
moi, nous sommes membres de la commission des juges de paix.

— Mon Dieu ! quel serait votre dessein,
lorsque je vous fais tout le bien qui est en mon
pouvoir ?

— Vous devez savoir que lorsque le législa-

teur abolit les lois cruelles contre la sorcelle-
rie , il n'avait pas l'espoir de détruire les superstitions humaines sur lesquelles de pareilles chimères sont fondées ; et pour empêcher
que des gens adroits ne cherchassent à s'en
prévaloir , il fut arrêté par l'acte neuvième du
règne de Georges II , chapitre 5 , que quicon-
que prétendra par le moyen de ses connaissances ou d'aucune science occulte , découvrir
les biens perdus , volés ou cachés , sera puni
par le pilori et l'emprisonnement , comme un
fripon et un imposteur.

— Et telle est la loi ? dit Dousterswivel un
peu troublé.

— Je vous montrerai l'acte , répondit l'antiquaire.

— Il faudra alors que je vous quitte , messieurs , voilà tout ; je n'aime pas votre pilori ;
c'est une mauvaise manière de prendre l'air ,
et je n'aime pas non plus vos prisons , où l'on
ne peut pas du tout prendre l'air.

— Si tel est notre goût , M. Dousterswivel ,
je vous engage à rester où vous êtes , car je
ne puis vous laisser aller , si ce n'est en la
compagnie d'un constable ; et d'ailleurs , j'espère que vous allez nous accompagner aux
ruines de Saint-Ruth , et nous montrer l'endroit

droit où vous vous proposez de trouver ce
trésor.

— Mon Dieu ! M. Oldbuck , pourquoi
traiter ainsi votre vieil ami ? je vous dis, aussi
clairement que je puis parler , que si vous y
allez à présent, vous ne trouverez pas un trésor , pas même une misérable pièce de six
sous.

— Nous en ferons l'épreuve, et vous serez
traité selon notre succès, toujours avec la permission de sir Arthur.

Pendant cet entretien , sir Arthur semblait
fort embarrassé , et pour me servir d'une
phrase vulgaire , mais expressive , il portait
la crête basse. L'incrédulité opiniâtre d'Oldbuck lui faisait fortement soupçonner l'imposture de Dousterswivel , et l'adepte ne se dé-
fendait pas avec autant de fermeté qu'il l'aurait attendu. Cependant il ne l'abandonna pas
tout-à-fait.

— M. Oldbuck , dit le baronnet, vous n'ê-
tes pas très-juste envers M. Dousterswivel. Il
a entrepris de faire cette découverte par le
moyen de son art , et en employant les signes
distinctifs des planètes qui ont l'influence sur
l'heure où l'on fait l'expérience ; et vous lui
ordonnez de procéder à son opération sous

peine de châtiment, sans lui permettre de faire usage des mesures préliminaires dont il croit avoir besoin pour réussir.

— Je n'ai pas tout-à-fait dit cela. Je l'ai prié d'être présent aux recherches que nous allons faire, et de ne pas nous quitter dans cet intervalle. Je crains qu'il n'ait quelque intelligence avec les esprits dont vous parlez, et que ce qui est caché à Saint-Ruth, ne disparaisse avant que nous en soyons en possession.

— Je ne refuse pas d'aller avec vous, messieurs, dit Dousterswivel d'un air sombre ; mais je vous le dis d'avance, vous ne trouverez rien qui vaille la peine que vous fassiez vingt pas hors de chez vous.

— C'est ce dont nous ferons l'expérience, dit l'antiquaire. On donna ordre à l'équipage du baronnet de se préparer à partir ; et miss Wardour fut prévenue par son père qu'elle devait attendre à Monkbarns qu'il fût de retour de la promenade qu'ils allaient faire. La jeune demoiselle ne savait comment concilier cet ordre avec l'entretien qu'elle supposait que son père avait eu avec l'antiquaire, et elle fut obligée de demeurer encore dans le même état d'incertitude.

Le voyage des chercheurs de trésors fut

assez triste. Dousterswivel gardait un sombre
silence, pensant à son espoir déçu et au danger d'être puni ; sir Arthur, dont les rêves
dorés s'étaient évanouis par degrés, se livrait
aux pénibles réflexions que faisait naître le
mauvait état de ses affaires ; et Oldbuck qui
s'apercevait qu'en se mêlant des affaires de son
voisin il s'engageait à venir à son secours, pen-
sait jusqu'à quel point il serait obligé de dé-
lier les cordons de sa bourse. Plongés dans ces
idées désagréables, ils prononcèrent à peine
un seul mot, jusqu'à ce qu'ils fussent arrivés
à l'auberge des Quatre Fers à Cheval. Là ils
se procurèrent les hommes et les outils nécessaires pour fouiller la terre ; et tandis qu'ils
étaient occupés à ces préparatifs, ils furent
tout-à-coup accostés par le vieux mendiant,
Édie Ochiltree.

— Ah ! ah ! te voilà, mon vieux, dit Oldbuck, lorsque le mendiant l'eut salué par ses paroles accoutumées : — Que Dieu bénisse votre
honneur, et lui donne une longue vie ! j'ai appris avec plaisir que le jeune capitaine Mac-
Intyre se portait mieux. N'oubliez pas votre
vieux mendiant.

— D'où viens que tu n'es plus venu à
Monkbarns, depuis le jour où tu courus tant

de dangers ? Tiens ; voici de quoi t'acheter du
tabac. En parlant ainsi il fouilla dans sa poche et en tira la corne qui contenait les pièces
de monnaie.

— Et voici une tabatière ; dit le mendiant
en voyant la corne de bélier ; c'est une de mes
vieilles connaissances. Je la reconnaîtrais entre
mille. Je m'en suis servi pendant nombre
d'années, et j'ai fini par la changer contre une
d'étain avec Georges Glen , lorsqu'il lui prit
fantaisie d'aller travailler à Glen-Withershin.

— Vraiment ? dit Oldbuck ; vous l'avez
donc changée avec un mineur ? mais je présume que vous ne l'avez jamais vue si bien
garnie , dit-il en l'ouvrant et lui montrant les
pièces.

— Je puis vous le jurer, Monkbarns ; lorsqu'elle m'appartenait , elle n'a jamais contenu
plus de six sous de tabac râpé ; mais allez-vous
en faire une antique , comme vous avez fait
de tant d'autres choses? Je voudrais bien qu'on
fît une antique de moi; mais il y a beaucoup
de gens qui trouvent une grande valeur à des
morceaux de cuivre ou de corne, et qui ne se
soucient guères d'un vieux vagabond, leur
concitoyen et leur contemporain.

— Vous pouvez deviner maintenant , dit

Oldbuck en se tournant vers sir Arthur, à qui vous devez la trouvaille de l'autre nuit. En suivant les voyages de cette corne d'abondance jusques dans les mains d'un mineur, c'est l'amener bien près d'un de nos amis.

— Et où donc vont vos honneurs aujourd'hui avec ces pelles et ces pioches ? Allez-vous faire sortir de son tombeau quelque ancien moine avant le jour du jugement? Mais je vais vous suivre pour voir ce que vous allez faire.

Ils arrivèrent bientôt aux ruines et étant entrés dans le chœur, ils restèrent un moment à réfléchir sur ce qu'ils avaient à faire. L'antiquaire alors s'adressa à l'adepte.

— Quel est votre avis, M. Dousterswivel ? serons-nous plus heureux en creusant de l'est à l'ouest, ou de l'ouest à l'est ? Nous aiderez-vous avec votre flacon triangulaire, rempli de rosée de mai, ou avec votre baguette divinatoire de bois de coudrier ? Aurez-vous la bonté de nous souffler quelques termes de l'art, qui, s'ils ne sont bons à rien dans l'occasion présente, pourront être utiles à ceux d'entre nous qui n'ont pas le bonheur d'être garçons, à faire taire leurs enfants lorsqu'ils crieront ?

— Oldenbuck, dit Dousterswivel d'un air

refrogné, je vous ai déjà dit que vous ne ferez
que du travail inutile ; et je trouverai un moyen
de vous remercier de vos politesses à mon
égard.

— Si votre honneur pense à remuer le sol,
dit le vieil Edie, si vous voulez suivre l'avis
d'un pauvre diable , je commencerais par
fouiller sous cette grande pierre sur laquelle
on voit un homme couché sur le dos.

— J'ai quelque raison d'approuver cet avis,
dit le baronnet.

— Et moi je n'en ai aucune de le désap-
prouver, dit Oldbuck ; c'était assez la coutume
de cacher des trésors dans les tombeaux des
morts. Bartholinus et d'autres en citent plusieurs exemples.

La pierre tumulaire, sous laquelle la corne
pleine de monnaies avait été trouvée par sir
Arthur et l'allemand , fut de nouveau soule-
vée , et la terre qui était au-dessous céda facilement sous la pioche.

— C'est de la terre fraîchement remuée, dit
Edie ; je m'y connais ; car j'ai travaillé autrefois tout un été avec le vieux Will Winnett ,
le bedeau , et j'ai creusé plus d'une fosse dans
mon temps ; mais je le quittai dans l'hiver ,
parce que le métier était trop froid ; puis

arrivèrent les fêtes de Noël, où les morts tombaient comme la grêle, car vous savez que les
fêtes de Noël peuplent les cimetières. Comme
je n'ai jamais aimé à faire un travail pénible,
je pris mon congé, et je laissai Will creuser
tout seul ces dernières demeures.

Les travailleurs étaient assez avancés pour
découvrir que les côtés de la tombe avaient
été originairement formés par quatre murs
de pierres de taille, formant un parallélo-
gramme, pour recevoir sans doute le cercueil.

— Il faut continuer la fouille, dit l'antiquaire à sir Arthur, ne fût-ce que par curiosité. Je voudrais bien savoir quel est le personnage pour le sépulcre de qui on a pris tant
de peines.

— Les armoiries de cet écu, dit sir Arthur en soupirant, sont les mêmes que celles
qui sont sur la tour de Misticot, qu'on suppose avoir été bâtie par Malcolm l'usurpateur.
Personne ne sait où il est enterré, et il y a
dans la famille une prophétie qui ne nous
annonce pas du bien, lorsque son tombeau
sera découvert.

— Je l'ai souvent entendu répéter, lorsque
j'étais enfant, dit le mendiant. « Si le tom-
« beau de Malcolm le bâtard est découvert,

» les biens de Knockwinnock seront perdus
» et regagnés. »

Oldbuck, ses lunettes sur le nez, s'était déjà
agenouillé à côté de la pierre, et suivant de
l'œil et du doigt les traces à demi effacées des
armoiries tracées au-dessus de l'effigie du
guerrier défunt : — Ce sont les armes de
Knockwinnock, s'écria-t-il, écartelées avec
celles de Wardour.

— Richard, appelé Wardour à la main
rouge, dit sir Arthur, épousa Sybille Knockwinnock, héritière de la famille saxonne, et
par cette alliance apporta son château et ses
biens dans la maison de Wardour, l'an de
grace 1150.

— C'est vrai, sir Arthur ; voilà la barre
d'illégitimité tracée diagonalement sur les deux
écus. Où donc avions-nous nos yeux, pour ne
pas avoir vu auparavant ce monument curieux ?

— Mais plutôt où était cette pierre, pour
qu'elle n'ait pas frappé nos regards jusqu'à ce
jour ? dit Ochiltree. Il y a soixante ans que
je connais cette église, et je ne l'ai jamais vue ;
ce n'est pourtant pas un atôme qu'on ne peut
pas apercevoir dans sa soupe.

Chacun chercha à se souvenir de l'état où
étaient les ruines dans ce coin, et tous con-

vinrent qu'il y avait un grand tas de décombres qu'on devait avoir enlevés et portés au-dehors pour découvrir le tombeau. Sir Arthur pouvait se souvenir d'avoir vu ce monument dans une occasion précédente, mais son esprit était alors trop agité pour y faire attention.

Tandis que les spectateurs étaient occupés de ces souvenirs, les ouvriers continuaient leur travail. Ils avaient creusé environ cinq pieds, et comme le sol devenait de plus en plus dur, ils commencèrent à se lasser.

— Nous sommes arrivés au tuf, dit l'un d'eux, et il n'y a ni cercueil ni autre chose ; il doit être déjà venu quelqu'un plus fin que nous. A ces mots il sortit de la fosse.

— Voyons, dit Edie en y descendant à sa place, laissez-moi essayer, moi qui suis un vieux fossoyeur. Vous cherchez bien, mais vous ne savez pas trouver.

Il enfonça de force son bâton armé d'un fer pointu ; il rencontra une résistance et il s'écria, comme un écolier écossais qui trouve quelque chose : Ni moitié ni quart, tout pour moi et rien pour mes voisins.

Tous, depuis le triste baronnet, jusqu'au sombre adepte, accoururent au bord de la fosse et y seraient descendus, si elle avait pu les

contenir. Les travailleurs qui étaient prêts à
abandonner leur tâche pénible et infructueuse,
se remirent avec ardeur à l'ouvrage. Ils rencontrèrent bientôt une surface de bois , et à
mesure qu'ils la débarrassèrent de la terre qui
la couvrait , elle prit distinctement la forme
d'une caisse, mais beaucoup plus petite qu'un
cercueil. Tous les bras se mirent à l'œuvre
pour la tirer hors de la fosse , et il n'y eut
qu'une voix pour dire que son poids faisait
augurer favorablement de son contenu. Ils ne
se trompèrent pas.

La caisse ayant été déposée par terre , et le
couvercle forcé avec une pioche , on trouva
d'abord une grosse toile , ensuite une couche
d'étoupes , et enfin une grande quantité de lingots d'argent. Une exclamation générale annonça une découverte si surprenante et si inat-
tendue. Le baronnet leva les mains et les yeux
au ciel en silence , comme un homme délivré
d'une angoisse d'esprit inexprimable. Oldbuck
qui ne pouvait presque en croire ses yeux ,
soulevait les lingots les uns après les autres.
Il n'y avait ni marque ni inscription , excepté
sur un seul qui paraissait d'origine espagnole. Il
ne pouvait douter de la pureté et de la grande
valeur du trésor qu'il avait devant lui. Cepen-

dant il enleva les lingots les uns après les autres, les examina avec soin, s'attendant à
trouver ceux qui étaient au-dessous d'une valeur inférieure ; mais il n'y trouva aucune
différence, et il fut forcé d'avouer que sir
Arthur se voyait en possession d'un trésor qui
valait peut-être mille livres sterling. Sir Arthur promit aux ouvriers une récompense
généreuse pour leurs peines, et s'occupait des
moyens de faire transporter cette riche trouvaille au château de Knocwinnock, lorsque
l'adepte revenu de sa surprise qui avait égalé
celle des autres spectateurs, le tira par la
manche et lui présenta humblement ses félicitations, puis il se tourna vers Oldbuck avec
un air de triomphe.

—— Je vous disais bien, mon bon ami ;
M. Oldbuck, que je cherchais une occasion
de vous remercier de vos politesses. Cette manière de témoigner sa reconnaissance est-elle
de votre goût ?

—— Prétendriez-vous avoir eu quelque part
à notre bonne fortune, M. Dousterswivel ?
Vous oubliez que vous nous avez refusé le
secours de votre science. Et vous êtes ici sans
les armes qui auraient dû vous servir à livrer
la bataille que vous prétendez avoir gagnée

pour nous. Vous n'avez employé ni charmes, ni
amulettes, ni anneaux constellés, ni talismans
ni miroir magique, ni figure géomantique.
Où sont vos périaptes et vos abracadabras? Où
est votre rosée de mai, votre vermine, « votre crapaud, votre dragon, votre panthère »
votre soleil, votre lune, votre firmament ,
votre Lato, Azoch , Zernich, Chibrit, Heau-
tarit, vos instruments enfin dont les noms
sont faits pous écorcher le gosier de celui qui
les prononce? » Ah ! sage Ben Johnson !
longue paix à tes cendres pour avoir été le
fléau des charlatans de ton siècle ! qui aurait
cru qu'ils renaîtraient dans le nôtre ?

Nous rapporterons dans le chapitre suivant
la réponse de l'adepte à la tirade de l'antiquaire.

CHAPITRE IV.

L'ALLEMAND déterminé à conserver le terrain
avantageux sur lequel cette découverte l'avait
placé, répondit avec emphase et sang-froid à
l'attaque de l'antiquaire. — M. Oldenbuck ,
tout cela peut-être plein de sel dans une co-
médie, mais je n'ai rien à répondre, rien du

tout, à des gens qui n'en croient pas leurs propres yeux. Il est vrai que je n'ai aucun des instruments de mon art, mais ce que j'ai fait aujourd'hui n'en est que plus merveilleux. Je vous prierais, mon honorable, mon bon et généreux patron, de mettre votre main dans la poche droite de votre veste, et de me montrer ce que vous y trouverez.

Sir Arthur obéit, et en sortit la petite plaque d'argent, dont il s'était servi sous les auspices de l'adepte. — C'est la vérité, dit sir Arthur en regardant gravement l'antiquaire. C'est le plateau constellé dont M. Dousterswivel s'est servi lors de notre première découverte.

— Bah ! bah ! mon cher ami, dit Oldbuck, vous êtes trop sage pour croire à l'influence d'un morceau d'argent chargé de figures bizarres. Je vous dis que si Dousterswivel avait connu ce trésor, vous n'en auriez pas eu la moindre part.

— S'il plaît à votre honneur, dit Édie qui mettait son mot partout, je crois, que puisque M. Dousterswivel a eu le mérite de la découverte, le moins qu'on puisse faire pour lui et de lui laisser tout ce qui reste à découvrir, car il n'aura pas de peine à en trouver davantage.

Dousterswivel fronça le sourcil à cette proposition du mendiant ; mais celui-ci le tirant
à part lui dit deux ou trois mots à l'oreille
auxquels il parut prêter une sérieuse attention.

Cependant sir Arthur dont le cœur était
échauffé par la bonne fortune, dit tout haut :

— Ne vous inquiétez pas de ce que dit notre
ami Monckbarns, mais venez demain au château, et je vous prouverai que je ne suis pas
ingrat ; le vilain billet de la banque de Fairport, comme vous l'appelez, est à votre service. Allons, mes enfants, replacez le couvercle sur cette caisse précieuse.

Mais, au milieu de la confusion, le couvercle avait été couvert de décombres, ou de
la terre tirée de la fosse, en un mot, il avait
disparu.

— C'est égal, mes enfants, attachez-y la
toile par dessus et emportez-la dans la voiture.
Monkbarns, voulez-vous partir ? il faut que je
retourne chez vous prendre miss Wardour.

— Et pour dîner aussi, j'espère, et pour
boire un verre de vin à votre heureuse aventure. Je pense d'ailleurs qu'il faudrait en écrire
à la cour de l'échiquier, en cas que la couronne voulût s'en mêler, au surplus il serait
facile d'obtenir des lettres d'octroi ; nous en
parlerons plus au long.

— Je recommande le silence à tous ceux qui sont ici présents, dit sir Arthur en regardant autour de lui. Tous s'inclinèrent et promirent d'être muets.

— Quant à cela, dit Monkbarns, recommander le secret à une douzaine de personnes qui connaissent les circonstances que l'on veut cacher, c'est vouloir seulement déguiser la vérité, car l'histoire circulera sous vingt formes différentes. Mais n'importe, nous ferons connaître la vérité aux membres de la cour, et c'est là tout ce qui est nécessaire.

— Je suis d'avis de leur envoyer un exprès cette nuit ; dit le baronnet.

— Je puis vous recommander un messager sûr, dit Ochiltree ; le petit Davie Mailsetter, et le cheval rétif du boucher.

— Nous en parlerons chemin faisant, dit sir Arthur, mes enfants, (en s'adressant aux ouvriers) venez avec moi à l'auberge des Quatre Fers à Cheval, pour que je prenne vos noms, Dousterswivel, je ne vous invite pas à venir à Monkbarns, puisque vous n'êtes pas d'accord avec le laird ; mais ne manquez pas de venir me voir demain.

Dousterswivel bégaya une réponse dans laquelle on n'entendit que les mots de devoir....

mon honoré patron.... aller voir sir Arthur.
Après que le baronnet et son ami furent partis ;
suivis par leurs domestiques et les ouvriers ,
que l'espoir d'une récompense remplissait de
joie , l'adepte demeura plongé dans une sombre rêverie au bord de la tombe ouverte.

— Qui l'aurait cru ? s'écria-t-il presque
sans le savoir. Mon Dieu ! j'ai souvent entendu
parler et j'ai souvent parlé de pareilles trou-
vailles , mais jamais je n'aurais cru en voir ! si
j'avais creusé deux ou trois pieds plus bas ,
tout aurait été à moi ! j'aurais plus gagné en
une seule fois que ce que j'ai tiré de ce vieux
fou.

L'allemand cessa son soliloque , car en levant les yeux , il rencontra ceux d'Edie Ochiltree qui n'avait pas suivi le reste de la compagnie , mais qui appuyé sur son bâton , s'était
planté de l'autre côté de la tombe. Les traits
du vieillard naturellement expressifs et ou-
verts , même un peu impudents , paraissaient
en ce moment si pénétrants , qu'ils l'emportè-
rent sur l'assurance de Dousterswivel , tout
aventurier de profession qu'il était. Mais il vit
la nécessité d'une explication , et ralliant toutes
ses forces , il se mit à sonder le mendiant :
— Bon monsieur Edie Ochiltree....

— Édie Ochiltree, pauvre mendiant du roi, et non pas monsieur.

— Eh bien, bon Edie, que pensez-vous de tout ceci ?

— Je pensais qu'il faut que vous soyez bien bou (je n'ose pas dire bien simple) pour que vous donniez à deux gens riches, qui possèdent des terres et des seigneuries, et de l'argent sans fin, ce grand trésor, trois fois épuré par le feu, comme dit l'écriture, qui au- rait pu vous rendre heureux et content tout le reste de votre vie, vous et deux ou trois autres braves gens.

— C'est vrai, Edie, mon bon ami, seule- ment je ne savais pas, c'est-à-dire, je n'étais pas sûr de l'endroit où je devais trouver cet argent.

— Quoi ! ce n'est donc pas par vos avis et vos conseils que Monkbarns et le chevalier de Knockwinnock sont venus ici ?

— Ah ! oui, mais c'était tout autre chose. Je ne croyais pas qu'ils trouveraient le trésor, mon bon ami ; quoique j'eusses deviné par le tintamarre, la toux, les éternuements et le gé- missement de l'esprit, une nuit que je me trou- vais ici, qu'il y avait un trésor. Ah! maintenant l'esprit va soupirer après son or, comme un bourgmestre Hollandais qui compte ses dollars après un grand dîner à l'hôtel-de-ville.

— Mais croyez-vous une pareille chose,
M. Dousterdiable? un homme aussi savant que
vous! fi donc!

— Mon ami, je ne le croyais pas plus que
vous ou que qui ce fût, jusqu'au moment où
j'entendis les esprits gémir et soupirer; et
maintenant j'en connais la cause: c'était cette
grande caisse pleine d'argent du Mexique.
Que voulez-vous donc que je pense?

— Et que donneriez-vous à celui qui vous
aiderait à trouver une autre caisse pleine
d'argent?

— Ce que je lui donnerais? sur ma parole, un gros quart de ce qu'elle contiendrait.

— Si le secret m'appartenait, dit le mendiant, je tiendrais bon pour la moitié; car
voyez-vous, quoique je ne sois qu'un pauvre
diable, et que je ne puisse porter de l'or ou
de l'argent de peur d'être arrêté, cependant je
trouverais des gens qui le feraient pour moi,
et qui se contenteraient d'un profit bien plus
modique que ce que vous pensez.

— Ah! ciel! mon bon ami, qu'ai-je dit?
je voulais dire que vous auriez les trois-quarts
pour votre part, et un quart pour la mienne.

— Non, non, M. Dusterdiable; nous
partagerons comme frères ce que nous trou_

verons. Regardez maintenant cette planche
que j'ai jeté dans cette aile obscure , pendant
que Monkbarns examinait les lingois. Cet un
fin matois , ce Monkbarns. J'ai été content de
l'avoir ôtée de devant ses yeux. Vous lirez
mieux que moi ce qu'il y a d'écrit sur ce
couvercle ; je ne suis pas savant en lecture ,
c'est-à-dire , je n'ai pas beaucoup de pratique.

Tout en faisant cet aveu modeste de son
ignorance , Ochiltree prit derrière un pilier
la planche qui servait de couvercle à la caisse,
qu'on avait jeté sans y faire attention , après
l'avoir enlevée , dans l'ardeur de la curiosité ,
et que le mendiant avait caché en cet endroit.
On y voyait écrit un mot et un numéro, et
le mendiant les rendit plus lisibles , en cra-
chant sur son mouchoir bleu et en enlevant
la terre qui les couvrait. C'étaient des lettres
gothiques ordinaires.

— Pouvez-vous découvrir ce que c'est ?
dit Edie à l'adepte.

— S, dit le philosophe en épelant comme un
enfant qui commence à lire , S , T , A , R , C , H ,
Starch (empois), c'est ce que les blanchis-
seuses mettent aux cravattes et aux cols de
chemise.

— *Starch* ! répéta Ochiltree , non , non ,

M. Dousterswivel , vous êtes plus sorcier que savant ; il y a *search* (cherchez), vous dis-je , *search* ; la seconde lettre est un **E** bien formé.

—— Ah ! ah ! je vois maintenant ; il **y a** *search* , n°. **I**, mon Dieu ! il doit donc y avoir un n°. **II** , mon bon ami ; cela veut dire, creusez et vous en trouverez encore. Sur ma parole, bon monsieur Ochiltree , il nous reste encore quelque chose de bon.

—— C'est possible : mais nous ne pouvons pas le chercher à présent : nous n'avons pas d'outils parce qu'on les a tous emportés , et d'ailleurs il est probable qu'on enverra quelque ouvrier pour remplir le trou avant la nuit et remettre chaque chose à sa place. Mais si vous voulez venir vous asseoir avec moi dans le bois , je vous prouverai que je suis le seul homme du pays en état de vous donner des renseignements sur Malcolm Misticot et son trésor caché. Mais il faut d'abord effacer cette inscription pour qu'elle n'apprenne pas à d'autres ce que nous savons.

A l'aide de son couteau , il effaça les caractères , de manière à les rendre inintelligibles , et ensuite il frotta la planche avec de la terre pour enlever tout vestige de cette opération.

Dousterswivel le regardait en silence d'un air d'étonnement. Il y avait dans les gestes et les mouvements du vieillard un air d'intelligence et de vivacité qui annonçait qu'il ne le cédait à personne en finesse ; et, comme les frippons eux-mêmes sont jaloux de la prééminence, notre adepte était honteux de ne jouer qu'un rôle secondaire, et de partager ce qu'il espérait trouver avec un si vil associé. Cependant son avidité l'emporta sur son orgueil offensé, et quoiqu'il fût plus habitué à jouer le rôle d'imposteur que celui de dupe, il était assez porté à croire aux superstitions grossières par le moyen desquelles il en imposait aux autres. Accoutumé à être au premier rang en pareilles occasions, il était humilié de ressembler au vautour qu'un corbeau guiderait vers sa proie. — Écoutons son histoire, pensa Dousterswivel, et cela ira mal pour moi, si je n'en tire pas plus de profit que ce que Edie Ochiltree ne se l'imagine.

L'adepte, ainsi devenu humble élève de professeur qu'il était des sciences occultes, suivit Ochiltree sous le chêne du prieur, situé à peu de distance des ruines, comme le lecteur peut se le rappeler, et il s'assit et attendit en silence le récit du vieillard.

— M. Dustandnivel, dit le narrateur, il y a bien long-temps que je n'ai entendu parler de cette affaire ; car elle ne plaisait guères aux lairds de Knockwinnock, à sir Arthur, à son père, et à son grand père, que j'ai tous connus. Mais ce sont de ces choses qu'on répète dans la cuisine, quoiqu'il soit défendu d'en parler dans le salon, j'ai entendu raconter cette histoire par de vieux serviteurs de la famille ; et aujourd'hui, où l'on ne s'assemble plus dans l'hiver autour du feu pour jaser des affaires du temps passé, comme c'était l'usage autrefois, je doute qu'il y ait un autre que moi en état de vous faire ce récit, excepté le laird lui-même, car il y a dans la bibliothèque de Knockwinnock un vieux livre de parchemin où il est écrit.

— Tout cela est fort bien, dit Dousterswivel, mais venons-en à votre histoire, mon bon ami.

— Vous allez voir, continua le mendiant ; je vous parle d'un temps où tout était sens dessus dessous dans le pays, chacun pour soi et Dieu pour tous, où celui qui savait prendre ne manquait de rien, et ne pouvait conserver ce qu'il avait pris s'il n'avait la force de le défendre. A cette époque sir Richard

Wardour vint dans le pays , et il est le premier de ce nom qui y soit venu. Il y en a eu ,
plus d'un depuis ce temps , et la plupart, entr'autres celui qu'on appelait l'*Enfer-en-armes*,
dorment dans ces ruines. C'était une fière race
d'hommes , mais brave , et toujours prête à
défendre le pays , que Dieu leur fasse paix !
—— J'espère qu'il n'y a pas de papisme dans
ce souhait. On les appelait les Normands ,
quoiqu'ils vinssent de l'Angleterre. Ce sir Richard , qu'on appelait Main-Sanglante , s'as-
socia avec le vieux Knockwinnock de ce temps,
et voulut épouser sa fille unique qui devait
hériter de son château et de ses biens. Sybille
Knockwinnock ne se souciait pas de ce mariage,
parce qu'elle avait vu d'un peu trop près un
de ses cousins que son père n'aimait pas. Il
arriva qu'après quatre mois de mariage , car
elle fut forcée de l'épouser , elle fit présent à
son mari d'un gros garçon. Jugez de la fureur
de Wardour ; il ne s'agissait de rien moins
que de brûler la mère, que d'égorger l'enfant.
Cependant tout finit par s'arranger de manière ou d'autre , l'enfant fut envoyé dans les
montagnes , où il devint un beau jeune homme , comme tant d'autres qui sont venus dans
ce monde par une voie illégitime. Sir Richard

Main-Sanglante eut ensuite un fils, et tout fut paisible tant qu'il vécut. Mais à sa mort, arriva Malcolm Misticot, l'enfant de l'amour, avec une bande de montagnards sur ses talons, et il prétendit qu'étant le fils aîné de sa mère, le château et les biens étaient à lui, et il chassa les Wardours. Il y eut bien quelques combats, car les seigneurs du voisinage prirent parti des deux côtés, mais Misticot eut le dessus pendant long-temps; il conserva le château de Knockwinnock, le fortifia et construisit cette grande tour qui porte son nom encore aujourd'hui.

— Mon bon ami, Edie Ochitree, interrompit l'allemand, tout cela ressemble à l'histoire d'un baron de seize quartiers dans mon pays; mais je voudrais que vous parlassiez un peu de l'or et de l'argent.

— Ce Malcolm, voyez-vous, était soutenu par un oncle, un frère de son père, qui était prieur de Saint-Ruth, et ils ramassèrent de grands trésors, pour assurer à leur famille la possession des biens de Knockwinnock. On dit qu'en ce temps les moines possédaient la science de multiplier les métaux, quoiqu'il en soit, ils étaient fort riches. Enfin il arriva que le jeune Wardour, fils de Main-Sanglante, défia

Misticot

Misticot à le combattre en champ clos. Misticot
fut battu et se trouva à la merci de son frère,
qui ne voulut pas lui ôter la vie parce que
le sang de Knockwinnock coulait également
dans leurs veines : Malcolm fut forcé de se
faire moine , et il mourut bientôt après de dépit et de chagrin. Personne n'a jamais su où
son oncle le prieur l'avait enterré , ni ce qu'il
avait fait de son argent et de son or , car il se
prévalait des droits de la sainte église , et il
ne voulait rendre aucun compte. Mais il se
répandit dans le pays une prophétie qui annonçait que lorsque le tombeau de Misticot
serait trouvé , les biens de Knockwinnock seraient perdus et regagnés.

— Mon bon vieil ami , Edie , cela n'est pas
invraisemblable , si sir Arthur se brouille avec
ses bons amis pour plaire à M. Oldenbuck.
Ainsi vous pensez donc que cet argent appartenait au bon M. Malcolm Misticot.

— Ma foi , oui , M. Dousterdevil.

— Et vous croyez qu'il y en a encore davantage ?

— Certainement ; comment pourrait-il en
être autrement ? *Cherchez* , n°. *I* ; c'est tout
tout ce qu'on peut dire : cherchez et vous
trouverez un n°. II ; d'ailleurs cette caisse ne

contenait que de l'argent, et j'ai entendu dire
que Misticot avait beaucoup d'or.

— Eh bien, mon bon ami, dit l'adepte en
se levant vivement, pourquoi ne pas nous
mettre de suite à l'ouvrage ?

— Pour deux bonnes raisons, répondit le
mendiant en demeurant paisiblement assis ; la
première, comme je vous l'ai déjà dit, c'est
que nous n'avons rien pour creuser la terre,
parce qu'ils ont emporté les pioches et les
pelles, et la seconde, c'est qu'il viendra une
foule de badauds pour voir le trou, tant qu'il
sera jour, ou peut-être le laird enverra quelqu'un pour le combler ; ainsi, de manière ou
d'autre, nous serions attrapés. Mais si vous
voulez venir me trouver à minuit ici avec une
lanterne sourde, j'aurais les outils nécessaires,
et nous ferons paisiblement notre affaire tous
deux seuls.

— Mais.... mais, mon bon ami, dit Dousterswivel, à qui les riches espérances qu'Edie
lui faisait concevoir ne faisaient pas perdre le
souvenir de son aventure nocturne, il n'est
pas très-prudent de se trouver auprès de la
tombe du bon M. Misticot à une pareille heure
de la nuit, je vous ai déjà dit qu'il y a des esprits ; je puis vous l'assurer.

— Si vous craignez les esprits, répondit froidement le mendiant, je ferai l'affaire tout seul, et je vous apporterai votre part de l'argent à l'endroit que vous m'indiquerez.

— Non, non, mon excellent ami M. Edie, ce serait trop de peine pour vous ; j'y irai moi-même, cela sera beaucoup mieux ; car, mon vieil ami, c'est moi, Herman Dousterswivel, qui ai découvert le tombeau de M. Misticot, en cherchant un endroit pour cacher quelques pièces de monnaie, pour jouer un petit tour à mon cher ami sir Arthur, par pure plaisanterie. C'est moi qui ai enlevé les décombres, et découvert le monument. Cela veut dire que son intention est que je sois son héritier ; ainsi il y aurait de l'impolitesse à ne pas venir moi-même recueillir son héritage.

— A minuit donc, dit le mendiant ; nous nous retrouverons sous cet arbre. Je veillerai ici quelque temps pour empêcher que l'on ne touche à la fosse ; je n'aurai qu'à dire que le laird l'a défendu. Ensuite j'irai demander à souper au fermier Ringan, et à coucher dans sa grange, et je sortirai au milieu de la nuit sans que personne sans doute.

— C'est bon, M. Edie ; je viendrai vous trouver en cet endroit, quand même tous les esprits gémiraient et éternueraient à se fendre le cerveau.

En parlant ainsi , il serra la main du vieillard , et ils se séparèrent après s'être donné ce gage muet de fidélité à leur parole.

CHAPITRE IV.

La nuit fut orageuse , le vent soufflait et de temps en temps il tombait quelques ondées de pluie. — Ma foi, dit le mendiant en se mettant à l'abri du vieux chêne pour y attendre son associé , la nature humaine est bien étrange! ne faut-il pas une soif ardente de l'or pour amener ce Dusterdivel dans un lieu aussi sauvage , à minuit, et par un temps pareil ? Et moi ne suis-je pas encore plus fou que lui pour l'attendre ?

En faisant ces sages réflexions ; il s'enveloppa de son manteau , et fixa ses regards sur la lune , qui se cachait de temps en temps derrière de sombres nuages. La lumière pâle et mélancolique qu'elle envoyait à travers l'ombre des nuages sur les arches cintrées , et les fenêtres en ogive du vieil édifice , le rendait un instant visible , mais bientôt il ne formait plus qu'une masse noire et confuse. Le petit lac avait aussi sa part de ces éclairs de lumière ; alors les eaux paraissaient écumeuses et agitées , et quand un nuage passait sur la lune , on ne les distinguait que par le murmure des vagues qui venaient se briser sur le rivage. Le vallon retentissait du frémissement des feuilles et du craquement des branches ; et lorsque le vent se calmait , ce bruit n'était plus qu'un léger murmure , qui ressemblait aux soupirs d'un criminel épuisé par les souffrances de la torture. Dans toutes ces circonstances un homme superstitieux aurait trouvé cette jouissance de terreur qu'il craint et qu'il aime; mais de tels sentiments n'entraient pas dans le cœur d'Ochiltree , son esprit se reporta sur les scènes de la jeunesse.

— J'ai souvent monté la garde en sentinelle perdue , dans les guerres d'Allemagne et d'Amérique, se dit-il en lui-même , pendant des nuits bien plus orageuses que celle-ci, et lorsque je savais qu'il y avait une douzaine de tirailleurs dans les taillis autour de moi. Mais je restais ferme à mon poste et personne n'a jamais trouvé Edie endormi.

Tout en faisant ces réflexions , il porta comme par instinct son bâton à l'épaule , et prit l'attitude d'un factionnaire à son poste, et comme il entendit quelqu'un s'avancer vers l'arbre, il lui cria d'un ton qui convenait mieux à ses souvenirs militaires, qu'à son état actuel : — Halte ! qui va là ?

— Diable ! mon bon Edie, répondit Dousterswivel, pourquoi criez-vous aussi haut qu'une sentinelle ?

— Parce que je croyais être en ce moment en sentinelle. Voilà une nuit bien orageuse. Avez-vous apporté une lanterne et un sac pour l'argent ?

— Oui, oui, mon bon ami ; voici une paire de ce que vous appelez une besace, il y aura une poche pour vous et une pour moi ; je la mettrai sur mon cheval pour vous éviter de la porter, vous qui êtes vieux.

— Vous avez donc amené un cheval ?

— Oui, mon ami, je l'ai attaché là-bas.

— Je n'ai qu'un mot à vous dire, rien de de qui m'appartient n'ira sur le dos de votre bête.

— Que craignez-vous donc ?

— Rien que de perdre de vue l'homme, le cheval et l'argent.

— Savez-vous que vous traitez un gentilhomme comme s'il était un fripon ?

— Il y a beaucoup de gentilshommes qu i
ne valent guères mieux ; mais à quoi bon se
quereller ? Si vous voulez venir, venez ; si
non, je vais retourner à la grange de Ringan
Aikwood, me coucher sur la paille que je n'ai
quittée qu'à regret, et je rapporterai la pelle
et la pioche.

Dousterswivel délibéra un moment ; il pen-
sait qu'en laissant partir Edie, il pourrait
s'emparer seul du trésor. Mais le manque
d'instruments pour creuser la terre, la crainte
de ne pouvoir la fouiller assez profondément,
s'il était seul, quand même il les aurait, et
surtout la répugnance qu'il éprouvait à s'a-
venturer auprès de la tombe de Misticot, lui
firent juger cette entreprise trop hasardeuse.
Malgré son ressentiment, il tâcha de prendre
le ton de cajolerie qui lui était ordinaire, et il
pria son bon ami, M. Edie Ochiltree, de lui
montrer le chemin, et il l'assura de son con-
sentement à tout ce que cet excellent ami lui
proposerait.

— Eh bien donc, dit Edie, partons, et
prenez garde à ne pas vous embarrasser les
pieds dans ces longues herbes, et à ne pas
heurter contre les pierres éparses. Ayez soin
que ce vent furieux n'éteigne pas la lanterne ;

mais voilà que la lune nous montre son visage fort à-propos.

En parlant ainsi ; le vieil Edie suivi de près
par l'adepte, le conduisit vers les ruines ;
mais au lieu d'entrer il s'arrêta devant le portail. — Vous qui êtes un savant, M. Dusterdivel, et qui connaissez si bien les merveilleux ouvrages de la nature, voudrez-vous bien
me dire une chose ? Croyez-vous qu'il y ait
des esprits qui errent sur la terre ?

— Est-ce le lieu et le moment de me faire
une pareille question, mon bon M. Edie ?

— Certainement, autant la faire ici qu'ailleurs, M. Dustandshovel ; car il faut vous
l'avouer, on m'a dit que l'esprit du vieux
Misticot revenait. Il fait une assez vilaine nuit
pour le rencontrer, et qui sait s'il serait satisfait de notre dessein en visitant son tombeau ?

— *Alle guten geister*, murmura l'adepte,
et le reste de la conjuration se perdit dans le
tremblement de sa voix. Je vous prie de ne
pas parler ainsi, M. Edie ; car, d'après tout
ce que j'ai entendu une autre nuit, je crois
très-fort....

— Eh bien moi, dit Ochiltree en entrant
dans le chœur, et en agitant le bras d'un air
de défi ; je ne bougerais pas d'un pouce ,

quand même il nous apparaîtrait en ce moment ; il n'est qu'un esprit sans corps , et nous
nous sommes l'un et l'autre.

— Pour l'amour du ciel , dit Dousterswivel , ne parlez pas ainsi !

— Soit, dit le mendiant en ouvrant la lanterne , voici la pierre , et , qu'il y ait ou non
un esprit , je vais creuser plus profondément
son tombeau. Il sauta dans la fosse d'où l'on
avait extrait le matin cette précieuse caisse.
Après avoir donné quelques coups de pioche,
il fut fatigué ou feignit de l'être, et il dit à son
compagnon : Je suis vieux et cassé maintenant, et je ne puis soutenir la fatigue ; chacun
à son tour ; voisin , descendez dans la fosse ,
piochez un peu , puis vous jetterez la terre
avec la pelle, ensuite je prendrai votre place.

Dousterswivel le remplaça et se mit à travailler avec toute l'ardeur que l'avarice jointe
au desir de finir promptement pour sortir de
ce lieu redoutable, faisait naitre dans un esprit aussi soupçonneux que superstitieux.

Edie , debout à son aise au bord de la fosse,
se contentait d'exhorter son associé à travailler
sans relâche. — Ma foi ! il y a peu de gens
qui aient travaillé pour un tel salaire ! quand
ce que nous trouverons ne serait que la dixième

partie de la caisse n°. I , la valeur en serait
double , car elle serait pleine d'or au lieu d'argent. — Eh ! vous travaillez , comme si vous
aviez appris dès votre enfance à manier la pioche et la pelle. — Vous gagneriez votre demi-
couronne par jour. Prenez garde que cette
pierre ne vous tombe pas sur les pieds. En
parlant ainsi il poussait une grosse roche que
l'adepte avait sortie avec peine , et il la fit
rouler dans la fosse.

Pendant que le mendiant lui faisait ces exhortations , Dousterswivel frappait de grands
coups sur les pierres et le tuf , travaillait comme un cheval , et jurait en lui-même en allemand. Lorsqu'un de ces jurements lui échap-
pait , Edie changeait de batterie.

— Oh ! ne jurez pas , ne jurez pas ! qui
sait qui nous écoute ? Dieu ! que vois-je là-
bas ? ah ! c'est une branche de lierre que le
vent agite contre le mur ! Lorsque la lune
l'éclaire , elle ressemble au bras d'un mort; je
croyais que c'était Misticot en personne. C'est
égal , travaillez toujours , jetez la terre en-
dehors ; bravo ! vous seriez aussi bon fossoyeur que Will Winnett ! mais qu'avez-vous ?
pourquoi vous arrêter au moment où vous
arrivez au but de vos efforts ?

— Pourqnoi m'arrêter ? dit l'allemand d'uu ton de dépit ; parce que je suis arrivé au rocher sur lequel est fondé ce maudit édifice, que Dieu me pardonne !

— Allons donc, ce doit être quelque grosse pierre placée pour cacher l'or ; prenez la pioche et frappez de toutes vos forces ; vous verrez qu'il ne faut plus qu'un dernier effort ; bon, il frappe comme un Wallace.

En effet l'adepte, excité par les exhortations d'Edie, donna deux ou trois coups de pioche comme un désespéré, et il finit par briser, non pas l'objet contre lequel il frappait, qui était un roc solide comme il l'avait déjà soupçonné, mais l'instrument dont il se servait, et il reçut une secousse dans les bras qui les engourdit jusqu'au coude.

— Diable ! cria Edie, voilà la pioche de Ringan cassée ; c'est une honte que les ouvriers de Fairport fassent des outils aussi fragiles. Essayez la bêche, M. Dusterdivel.

L'adepte, sans lui répondre, sortit de la fosse qui avait environ six pieds de profondeur, et il s'adressa à son associé d'une voix tremblante de colère. — Savez-vous, M. Edie Ochiltree, qui est celui que vous prenez pour plastron de vos plaisanteries et de vos insolences ?

— Je vous connais bien, M. Dousterdivel, et depuis long-temps. Mais il ne s'agit pas ici de rire, car je languis de voir notre trésor, Nous devrions avoir déjà rempli les deux poches de notre besace ; j'espère qu'elle est assez grande pour le contenir.

— Prenez garde, vieux coquin, si vous vous moquez encore de moi, je vais vous casser la tête avec cette pelle.

— Et où seraient mes mains et mon bâton ferré pendant ce temps ? Tout doux, M. Dusterdivel, je n'ai pas vécu si longtemps dans le monde, pour en sortir par un coup de pelle. Pourquoi vous emporter contre vos amis ? Je vais travailler à mon tour, et je vous parie de trouver le trésor dans une minute. En parlant ainsi, il sauta dans la fosse, et il prit la pelle.

— Je vous jure, dit l'adepte dont les soupçons étaient pleinement éveillés, que si vous avez voulu vous jouer de moi, je saurai me jouer de vous, M. Edie.

— Entendez-le, dit Ochiltree, il sait le moyen de forcer les gens à trouver les trésors ; on dirait qu'on lui a donné des leçons à ce sujet.

A cette allusion à ce qui s'était passé entre

sir

sir Arthur et lui , le philosophe perdit le peu
de patience qui lui restait , et comme il était
d'un caractère violent , il leva la pioche brisée
pour en décharger un coup sur la tête du
vieillard. Le coup lui aurait été fatal, s'il ne
s'était pas écrié d'une voix ferme : Fi donc !
croyez-vous que le ciel et la terre souffrent
que vous assassiniez ainsi un vieillard qui serait votre père ? Regardez derrière vous.

Dousterswivel se tourna machinalement, et
il aperçut sur ses talons une grande figure
noire. Cette apparition ne lui donna pas le
temps de prononcer un exorcisme , car le fantôme ayant aussitôt recours aux voies de fait, il
prit trois ou quatre fois la mesure des épaules
de l'adepte avec des coups si bien appliqués ,
qu'il en fut renversé, et qu'il demeura quelques minutes privé de sentiment. Lorsqu'il
revint à lui, il était seul dans le chœur, couché sur la terre humide qui avait été tirée du
tombeau de Misticot. Il se leva avec une sen-
sation confuse de douleur , de colère , et de
terreur, et il se passa quelques instants avant
qu'il pût se rappeler pourquoi il se trouvait en
ce lieu. A mesure que ses idées s'éclaircirent ,
il ne put douter que l'appât dont Edie s'était
servi pour l'attirer dans ce lieu solitaire , les

sarcasmes par lequel il l'avait provoqué , et
le prompt secours qui avait mis fin à leur
querelle , ne fussent le résultat d'un complot
tramé contre Herman Dousterswivel. Il ne put
s'imaginer qu'il ne devait qu'à la malice d'Edie
seul, la fatigue, l'angoisse et les coups qu'il
avait supportés , mais il s'arrêta à l'idée que
le mendiant n'avait fait que jouer un rôle dans
un complot conçu par une personne de plus
d'importance. Ses soupçons planaient entre
Oldbuck et sir Arthur Wardour. Le premier
n'avait jamais caché son aversion pour lui ;
mais le second avait reçu de lui un tort irré-
parable, et quoiqu'il ne crût pas que sir Arthur connût l'étendue de ses torts envers lui ,
cependant il était facile de supposer qu'il avait
assez entrevu la vérité pour éprouver le désir
de se venger. Ochiltree avait fait allusion à
une circonstance qui n'était connue que de sir
Arthur et de l'adepte , donc il devait l'avoir
apprise de sir Arthur. Le langage d'Oldbuck
était insultant, et sir Arthur n'avait pris que
bien faiblement sa défense. Enfin , la manière
dont Dousterswivel supposait que sir Arthur
s'était vengé , avait assez de rapport avec ce
qu'il avait vu dans d'autres pays qu'il con-
naissait mieux que le nord de la Grande-

Bretagne. Chez lui , comme chez tant d'autres , soupçonner une injure et former le désir
de s'en venger , étaient le résultat du même
mouvement. Avant d'avoir recouvré l'usage de
ses jambes , Dousterswivel avait juré la ruine
de son bienfaiteur , et malheureusement il avait
trop de moyens d'accomplir son serment.

Quoique ses projets de vengeance roulassent
déjà dans sa tête , ce n'était pas le moment de
s'y arrêter. L'heure , le lieu , sa situation , et
peut-être la présence ou le voisinage de ceux
qui l'avaient frappé , firent d'abord penser
l'adepte à sa propre sûreté. La lanterne avait
été renversée et éteinte. Le vent qui soufflait
avec violence à travers les ruines , s'était cal-
mé , abattu par la pluie qui tombait maintenant avec abondance. Par la même raison la
lune était totalement obscurcie , et quoique
Dousterswivel connût assez l'édifice et sut
quelle route il fallait prendre pour trouver la
porte latérale du chœur , cependant la confusion de ses idées était telle , qu'il hésita pendant quelque temps , avant de juger de quel
côté il se dirigerait. Dans cette perplexité , ses
craintes superstitieuses , aidées des ténèbres
et de sa mauvaise conscience , commencèrent
à se présenter à son imagination troublée. —

Bah ! bah ! se dit-il bravement à lui-même ;
sottises, fadaises ! tout cela n'est qu'une mauvaise plaisanterie. Diable ! un baronnet écossais à crâne épais, que j'ai mené par le nez
pendant cinq ans, se jouer d'Herman Dousterswivel !

Pendant qu'il tirait cette conclusion, un in-
cident vint ébranler les fondements sur lesquels il s'appuyait. Au milieu du murmure
mélancolique du vent qui expirait, et du bruit
des grosses gouttes de pluie qui tombaient sur
les feuilles et les pierres, s'éleva, à peu de
distance, une musique vocale si triste et si solen-
nelle, qu'on aurait dit que les esprits des prêtres
qui avaient autrefois habité ces ruines aban-
données, pleuraient la solitude et la désola-
tion de leur antique demeure. Dousterswivel
qui se trouvait maintenant debout, et qui s'a-
vançait à tâtons le long du mur, sembla avoir
pris racine. Toutes les facultés de son ame
parurent concentrées dans le sens de l'ouie,
et il reconnut les sons lugubres et lents d'un
des chants les plus majestueux de l'église romaine, dans l'office des morts. Pourquoi ces
chants dans cette solitude ? par qui étaient-
ils exécutés ? c'étaient des questions que l'imagination effrayée de l'adepte, et livrée à toutes

les superstitions allemandes sur les fées , les esprits des bois , les loups-garoux , les sorciers , les revenants noirs , blancs , bleus et gris , n'osait se faire , et ne pouvait résoudre.

Un autre de ses sens fut bientôt également occupé. A l'extrêmité du chœur , au pied de quelques escaliers , était une petite porte de fer , qui conduisait, autant qu'il put se le rappeler , à une petite sacristie voûtée. En jetant les yeux du côté d'où venaient les sons , il observa la réverbération d'une clarté rougeâtre qui se réfléchissait à travers les barreaux et contre les marches de l'escalier. Dousterswivel demeura un moment incertain sur ce qu'il avait à faire , puis , tout-à-coup, prenant une résolution désespérée , il se dirigea vers le lieu d'où venait la lumière.

Fortifié par le signe de la croix , et par tous les exorcismes que sa mémoire put lui fournir, il s'avança vers la grille , d'où, sans être vu, il put observer tout ce qui se passait dans l'intérieur de la sacristie. Pendant qu'il s'approchait d'un pas timide et incertain , le chant , après deux ou trois cadences prolongées , cessa et un profond silence lui succéda. L'intérieur de la sacristie présentait un spectacle singulier. On voyait une tombe ouverte , avec quatre

grands flambeaux , de six pieds de haut à
chaque coin ; une bière contenant un cadavre,
les bras croisés sur la poitrine , portée sur des
tréteaux à côté de la fosse ; un prêtre, en chape
et en étole , tenait ouvert le livre de l'office
des morts ; un autre ecclésiastique portait le
goupillon, deux enfans vêtus de surplis blancs
tenaient l'encensoir et l'encens , un homme
d'une taille autrefois élevée et d'une figure im-
posante , mais aujourd'hui courbé par l'âge ou
les infirmités , était seul prés du cercueil, en
habits de deuil ; tels étaient les personnages
les plus apparents de ce groupe. A quelque
distance , on distinguait quelques personnes
des deux sexes couvertes de manteaux et de
crêpes noirs ; un peu plus loin et le long du
mur étaient rangées cinq ou six autres personnes immobiles , avec des vêtements aussi
lugubres, et portant à la main un grand cierge
de cire blanche. La lumière et la fumée que
répandaient tant de flambeaux donnaient à
cette scène un aspect fantastique. Le prêtre
d'une voix sonore et distincte , lut dans son
bréviaire , les prières solennelles que le rituel
de l'église catholique a consacrées pour rendre
la poussière à la poussière. Cependant Dousterswivel , en réfléchissant à l'heure et au lieu

de cette cérémonie, ne savait si elle était réelle, ou si elle n'était qu'une représentation que les esprits faisaient des rites dont ces murs avaient été autrefois les témoins, mais qui sont rarement célébrés dans les pays protestants, et encore moins en Ecosse. Il était incertain s'il attendrait la fin de la cérémonie, ou s'il se retirerait, lorsqu'en changeant de position il fut aperçu par un des assistants. La personne qui l'avait découvert, le fit remarquer par un signe à celui qui était seul près du cercueil, et sur un signe de celui-ci, deux personnages se détachèrent du groupe, se glissèrent sans bruit le long du mur, pour ne pas troubler l'office, et ouvrirent la grille qui les séparait de l'adepte. Chacun d'eux le prit par un bras avec une force auquel il n'aurait pu résister, quand même sa frayeur lui en eût laissé le courage ; ils le firent asseoir par terre dans le chœur, et s'assirent à son côté pour le retenir. Satisfait de se trouver au pouvoir d'êtres mortels comme lui, l'adepte voulut leur faire quelques questions ; mais tandis que l'un lui montrait la sacristie d'où la voix du prêtre se faisait distinctement entendre, l'autre plaçait un doigt sur sa bouche pour lui recommander le silence, et l'allemand jugea prudent d'obéir à leurs signes. Il fut ainsi retenu, jusqu'à ce qu'un *Alleluia* qui fit retentir les voûtes solitaires de Saint-Ruth, eût terminé la singulière cérémonie dont le hasard l'avait rendu le témoin.

Lorsque l'hymne eut cessé, la voix de l'un des personnages noirs qui gardaient l'adepte se fit entendre, et dit d'un ton familier : — Comment, M. Dousterswivel, est-ce bien vous ? Ne pouviez-vous pas nous dire que vous désiriez assister à cette cérémonie ? Milord ne pouvait trouver bon qu'on semblât venir l'espionner de la sorte.

— Au nom de tout ce qu'il y a de plus saint, dites-moi qui vous êtes ? interrompit l'allemand ?

— Qui suis-je ? qui voulez-vous que je sois, sinon Ringan Aikwood, fermier à Knockwinnock ? Et que faisiez-vous ici à cette heure de la nuit, à moins que vous ne soyez venu pour assister à l'enterrement de milady ?

— Je vous déclare, mon bon M. Aikwood, que j'ai été cette nuit assassiné, volé ; et mis en crainte de ma vie.

— Volé ! qui oserait voler dans un tel lieu ? Assassiné ! vous parlez assez bien pour un homme assassiné. Qui vous a mis en crainte de la vie, M. Dousterswivel ?

— Je vais vous le dire , M. Aikwood Ringan ; c'est ce chien de mécréant, ce vil mendiant au manteau-bleu , que vous appelez Edie
Ochiltree.

— Je ne croirai jamais cela , répondit Ringan. Je connais Edie , et mon père le connais-
sait avant moi pour un homme franc , loyal
et tranquille; et pour preuve de ce que je dis,
il est là-bas dans notre grange où il dort depuis dix heures. Ainsi quoi que vous ayez fait,
ou qu'on vous ait fait , M. Dousterswivel , je
suis sûr qu'Edie en est innocent.

— M. Ringan Aikwood , je n'entends pas
trop votre langage ; mais tout ce que je puis
vous dire , c'est que votre innocent ami Edie
Ochiltree m'a volé cinquantes livres, et qu'il
n'est pas plus dans votre grange , que ce qu'il
sera jamais dans le royaume des cieux.

— Eh bien , si vous voulez venir avec moi ,
maintenant que le service funèbre est terminé,
nous vous donnerons un lit dans notre maison,
et nous verrons si Edie est dans la grange. Il
est vrai qu'on a vu rôder dans les ruines deux
garnements pendant que nous apportions le
corps ; et le prêtre qui n'aime pas que des
hérétiques soient témoins des cérémonies de
notre église , a envoyé à leur poursuite deux

4.

de nos gens à cheval ; ainsi nous aurons de leurs nouvelles.

En parlant ainsi , le fermier se débarrassait de son manteau de deuil avec l'aide du personnage muet qui était son fils , et se préparait à escorter Dousterswivel jusqu'à l'endroit où il devait trouver un repos dont il avait tant besoin.

— Demain matin j'irai m'adresser aux magistrats , dit l'adepte, et je ferai mettre la loi à exécution contre tous les coupables.

Tandis qu'il formait ainsi des projets de vengeance contre ceux qui l'avaient maltraité , il sortit des ruines appuyé sur Ringan et sur son fils , dont son état de faiblesse lui rendait le secours très-nécessaire.

Lorsqu'ils furent hors du prieuré et qu'ils furent arrivés dans la petite prairie où il est situé. Dousterswivel put apercevoir les torches et les cierges qui lui avaient causé tant d'alarmes , sortir des ruines par un autre côté et s'avancer en procession le long du lac , où leurs lumières se réfléchissaient comme des feux follets. Après s'être avancée quelque temps en ordre irrégulier , cette procession disparut tout-à-coup , toutes les lumières s'étant éteintes à la fois.

— En pareilles occasions , nous avons coutume d'éteindre nos torches au puits de la sainte Croix , dit le fermier. Dousterswivel n'aperçut donc plus aucune trace visible de cette procession , quoique son oreille entendît le bruit éloigné des chevaux des acteurs de cette scène.

CHAPITRE V.

Nous allons maintenant introduire nos lecteurs dans la cabane de pêcheur dont nous avons parlé dans le chapitre IX du premier volume de cette histoire édifiante. Je voudrais pouvoir dire que l'intérieur en était en ordre , passablement meublé , ou au moins assez propre. Au contraire , je suis forcé d'avouer que tout était en désordre et en confusion , et de la plus grande mal-propreté. Cependant , malgré cela , ceux qui l'habitaient , c'est-à-dire Luckie Mucklebackit et sa famille , avaient un air d'aisance et de bien-être qui semblait prouver la vérité de ce proverbe : « Un pourceau ne s'engraisse pas d'eau claire. » Quoiqu'on fût en été , un grand feu, était allumé dans la cheminée , et servait à la fois à procurer de la lumière et de la chaleur, et à faire cuire les aliments. La pêche avait été heureuse, et, depuis le débarquement de la cargaison, la famille avec son imprévoyance ordinaire, n'avait pas cessé de faire frire et rôtir la portion réservée pour la consommation du ménage ; on en voyait les débris sur des assiettes de bois, parmi des restes de pain d'orge et des pots de bière à demi vides. La figure robuste et athlétique de Maggie, qui allait et venait au milieu d'une troupe de petites filles et de jeunes garçons, auxquels elle criait de temps en temps, lorqu'elle en trouvait un sur son chemin : — Otez-vous donc de là, petite peste! formait un contraste frappant avec le visage à demi hébêté et les gestes monotones de la mère de son mari, femme arrivée au dernier terme de la vie humaine : Assise dans son fauteuil ordinaire au coin du feu, dont elle semblait rechercher la chaleur, sans paraître la sentir, tantôt elle murmurait quelques mots en elle-même, tantôt elle souriait d'un air niais aux marmots qui la tiraient par son tablier de toile bleue à carreaux. Sa quenouille attachée à sa poitrine et son fuseau dans la main, elle filait machinalement selon l'ancien usage des Ecossaises. Les plus jeunes enfants, se roulant aux pieds de la vieille , suivaient des yeux les tours du fuseau , et se hasardaient quelquefois à l'arrêter dans sa course irrégulière. Aujourd'hui le rouet est devenu tellement en usage en Écosse, que la princesse des contes des fées pourrait parcourir tout ce royaume sans courir le risque de se percer la main d'un fuseau et d'en mourir. Il était déjà tard , minuit était passé depuis long-temps , et toute la famille était encore sur pied , et loin de penser à se mettre au lit , la mère s'occupait à faire griller des gâteaux de farine d'avoine , et sa fille aînée , la syrène à demi-nue dont nous avons parlé ailleurs , préparait une pyramide de harengs de Findhorn (c'est-à-dire enfumés avec du bois vert) pour manger avec le reste de leurs provisions.

Pendant qu'elles se livraient à ces occupations , on frappa un petit coup à la porte en demandant : — Etes-vous encore levés ? — Oui, oui, répondit-on , entrez. L'on tira le loquet , et l'on vit paraître Jenny Rintherout, la domestique femelle de l'antiquaire.

— Ah ! ah ! s'écria la maîtresse de la maison , mon Dieu, c'est vous, Jenny ? que nous avons de plaisir à vous voir !

— Oh ! ma chère , la blessure du capitaine

Mac-Intyre nous a donné bien de la peine, je n'ai pas mis le pied hors de la porte depuis quinze jours , mais maintenant il va mieux , et le vieux Caxon couche dans sa chambre en cas qu'il ait besoin de quelque chose. Dès que nos vieux ont été couchés , je n'ai fait que mettre le loquet à la porte de crainte que quelqu'un ne voulût entrer ou sortir pendant mon absence , et je suis venu ici pour voir s'il n'y avait rien de nouveau chez vous.

— Oui , oui , répondit Luckie Mucklebac-kit , je vois que vous vous êtes parée ; vous regardez si vous ne voyez pas Steenie ; il n'est pas à la maison cette nuit ; et puis vous n'êtes pas faite pour Steenie ; une fille aussi faible que vous n'est pas en état de maintenir un homme.

— C'est Steenie qui n'est pas fait pour moi, répliqua Jenny , avec un mouvement de tête qui n'eût pas mal été à une plus grande dame ; il me faut un homme qui soit en état de main-tenir sa femme.

— Bah ! mon enfant, ce sont là de vos idées de ville et de l'intérieur des terres. Les femmes de pêcheurs connaissent mieux leur affaire ; elles sont maîtresses du mari, de la maison et de l'argent.

— Vous n'êtes que des souffre-douleurs, répondit la nymphe de terre à la nymphe de mer ; dès que sa barque a touché le rivage, le mari ne fait plus rien ; il faut que la femme retrousse ses jupes, et apporte le poisson à terre. Le mari quitte ses habits mouillés pour en prendre de secs, allume sa pipe et boit son eau-de-vie, s'assied au coin du feu comme une vieille femme, et ne touche à rien jusqu'à ce qu'il remette sa barque à flot. Quant à la femme, elle prend son panier sur son dos, elle porte le poisson à la ville, et va se disputer et se chamailler avec les acheteurs jusqu'à ce qu'elle ait tout vendu. Et voilà la vie des femmes de pêcheurs, pauvres esclaves qu'elles sont.

— Esclaves ! elles qui sont à la tête de la maison ! vous n'y entendez rien, mon enfant : mon Saunders se mêle-t-il d'autre chose dans la maison que de boire, de manger, et de se divertir, comme un des enfants. Il a trop de bon sens pour dire que rien soit à lui chez nous, depuis la poutre du toît jusqu'à l'assiette de bois. Il sait bien qui le nourrit et qui l'habille, et qui fait tout au logis lorsque sa barque est dans le Frith. Non, non, ma chère : ceux qui vendent la marchandise tiennent les cordons de la bourse, et qui tient la bourse est maître à la maison; montrez-moi un de vos fermiers qui laisse sa femme conduire le bétail au marché et en toucher le prix : non, non.

— Eh bien ! eh bien ! Maggie, chaque pays a ses usages. Mais où est Steenie, lorque toutes les barques sont rentrées ? où est votre mari ?

— J'ai fait coucher mon mari, parce qu'il était fatigué, et Steenie est sorti pour aller battre la compagne avec le vieux mendiant Edie Ochiltree. Ils rentreront bientôt, as-seyez-vous.

— Je n'ai pas beaucoup de temps à rester, dit-elle en s'asseyant; mais il faut que je vous conte les nouvelles. Vous devez avoir entendu parler de la grande caisse d'or que sir Arthur a trouvée dans les ruines de Saint-Ruth ? Main-tenant il sera plus fier que jamais.

— Oh ! oui, tout le pays en a entendu parler ; mais Edie prétend qu'on en dit dix fois plus qu'il n'y en a, et il était présent lorsqu'il a fait la trouvaille. Un pauvre mal-heureux n'aurait jamais un pareil bonheur.

— Oh! cela est sûr. Vous avez dû appren-dre la mort de la comtesse de Glenallan; elle doit être enterrée cette nuit à Saint-Ruth à la lueur des flambeaux ; et tous les papistes , ses domestiques , et Ringan Aikwood qui est aussi un papiste , doivent y assister ; ce sera la plus belle cérémonie qu'on ait jamais vue.

— S'il n'y a que des papistes , le cortège ne sera pas nombreux , car comme, dit le bon M. Blattergowl , l'église romaine n'a que peu d'adorateurs dans ce pays. Mais pourquoi enterrer la vieille comtesse (c'était une rude femme) à cette heure de la nuit ? Notre mère doit le savoir.

A ces mots elle éleva la voix , et cria deux ou trois fois : — Ma mère ! ma mère ! mais soit par surdité , suit par l'apathie ordinaire à la vieillesse , elle continua à faire tourner son fuseau sans répondre.

— Parlez à votre grand-mère , Jenny , j'aimerais mieux hêler la barque à un demi mille de distance , avec le vent de nord-ouest contraire.

— Grand'mère , dit la petite syrène , d'une voix à laquelle la vieille femme était plus accoutumée , maman voudrait savoir pourquoi les Glenallans sont toujours enterrés à la lueur des flambeaux dans les ruines de Saint-Ruth.

La vieille femme cessa de filer , leva une main tremblante et desséchée , tourna vers le

reste de la compagnie une face terreuse et
ridée, qu'on aurait pris pour celle d'un cadavre, sans les mouvements de deux yeux d'un
bleu clair, et elle répondit : — Pourquoi la
famille de Glenallan enterre-t-elle ses morts à
la lueur des torches? Il y a donc un Glenallan
qui vient de mourir?

— Nous serions tous morts et enterrés, dit
Maggie, sans que vous en sussiez rien; puis
élevant la voix pour être entendue de sa belle-
mère : — C'est la vieille comtesse qui est
morte.

— Elle est donc enfin appelée, dit la vieille,
d'une voix qui paraissait agitée par une émotion plus vive que ne le comportait son âge
et l'apathie de ses manières; elle est appelée
pour rendre compte de sa longue carrière d'orgueil et de pouvoir? Dieu lui pardonne!

— Mais maman vous demandait, reprit la
petite, pourquoi les personnes de la famille
de Glenallan sont toujours enterrées la nuit?

— C'est leur usage, dit la grand'mère,
depuis que le grand comte fut tué à la bataille
du Harlaw, après laquelle on entendit le *coronach* (chant de mort) depuis l'embouchure
du Tay jusqu'au Buck de Cabrach, en un seul
jour; et partout ce n'étaient que lamentations

sur les grands personnages qui avaient péri en combattant contre Donald des Iles. Mais la mère du grand comte vivait encore, les femmes de la maison de Glenallan sont une race dure et austère ; elle ne voulut pas qu'on chantât le coronach pour son fils ; mais il fut enterré silencieusement à minuit sans que personne bût le *dirgé* (coupe funéraire) ou poussât des lamentations. Elle dit qu'il avait assez tué de montagnards le jour de sa mort, pour que le coronach de leurs veuves et de leurs filles servît à son fils ; elle le vit enterrer les yeux secs, sans pousser un gémissement ni un soupir. Sa famille s'en est toujours énorgueillie depuis, et a imité cette conduite, surtout dans ces derniers temps ; car, comme elle est papiste, elle remplit les cérémonies de sa religion avec plus de liberté la nuit que le jour ; du moins il en était ainsi de mon temps ; elle aurait été troublée par la loi et les habitans de Fairport. Peut-être n'est-il plus besoin de tant de mystères maintenant : le monde est changé ; je sais à peine si je suis assise ou debout, morte ou vivante.

Et jetant les yeux autour d'elle, comme si elle eût cherché à sortir de ses doutes et de son incertitude, la vieille Elspeth remit machinalement son fuseau en mouvement.

— Oh ! dit tout bas Jenny Rintherout à Maggie, c'est une chose effrayante d'entendre votre mère parler ainsi. Il semble que c'est un mort qui parle aux vivants.

— Vous ne vous trompez pas de beaucoup ; elle ne s'inquiète nullement de ce qui se passe aujourd'hui ; mais mettez-la sur ses vieilles histoires , et elle parle comme un livre. Elle connaît mieux la famille de Glenallan que qui que ce soit ; le père de mon mari a été leur pêcheur pendant long-temps. Vous savez que les papistes se font un devoir de manger du poisson, et ce n'est pas là ce qu'il y a de plus mauvais dans leur religion ; j'étais toujours sûre de vendre mon plus beau poisson et à bas prix , surtout le vendredi pour la table de la comtesse, que Dieu fasse paix à son ame ! Mais voyez comme les lèvres de notre vieille s'agitent ; elle va parler toute la nuit quoiqu'elle reste des semaines entières sans dire un seul mot , si ce n'est aux enfants.

— Elle me fait peur , mistress Mucklebackit ; croyez-vous qu'elle soit bien dans son devoir ? Les gens disent qu'elle ne va jamais à l'église , et qu'elle ne parle point au ministre , et qu'elle était autrefois papiste ; mais que depuis que son mari est mort , on ne sait

plus ce qu'elle est. Ne croiriez-vous pas qu'elle
est un peu sorcière.

—— Sorcière ? quelle simplicité ! elle n'est
pas plus sorcière que les autres vieilles femmes excepté Alison Breck ; quand à celle-là,
en conscience, je ne le jurerais pas. Je l'ai
vue revenir avec son panier plein de crabes,
lorsque....

—— Paix ! Maggie, paix ! votre mère va
encore parler.

—— Quelqu'un ne disait-il pas, demanda la
vieille sybille, ou ai-je rêvé, ou m'a-t-il été
révélé que Joscelinde lady Glenallan était
morte et enterrée cette nuit ?

—— Oui, ma mère, cria sa belle-fille, elle
est morte.

—— Il n'y a pas grand mal, dit la vieille
Elspeth ; elle a fait plus d'un malheureux dans
sa vie, oui, même son propre fils. Vit-il
encore ?

—— Oui, il vit encore, mais on ne sait pas
s'il vivra encore long-temps. Ne vous souvenez-vous pas qu'il est venu vous voir le prin-
temps dernier et qu'il vous a laissé de l'argent ?

—— C'est possible, Maggie ; mais je ne m'en
souviens pas ; c'était un beau jeune homme
comme son père avant lui. Ah ! si son père

avait vécu, il aurait été plus heureux ! Mais
il mourut, et sa mère eut tout pouvoir sur
son fils ; il lui fit croire ce qu'il n'aurait jamais dû croire, il lui fit faire une chose dont
il s'est repenti toute sa vie, et dont il se re-
pentira toujours quand il vivrait aussi long-
temps que moi.

— Quoi donc, grand'mère ? quoi donc,
ma mère ? Quoi donc, Elspeth ? demandè-
rent à la fois les enfants, leurs mères, et
Jenny Rintherout.

— Ne le demandez jamais, mais demandez
à Dieu de ne pas vous abandonner à l'orgueil
et à l'opiniâtreté de votre cœur ; cela peut se
trouver dans une cabane comme dans un château : j'en puis rendre un triste témoignage.
Oh ! cette nuit terrible et effrayante ! le souvenir n'en sortira-t-il jamais de ma vieille tête ?
La voir étendue sur le sable, ses longs cheveux trempés d'eau salée ! Le ciel punira tous
ceux qui y ont pris part. — Est-ce que mon
fils est en mer avec le vent qu'il fait ?

— Non, non, ma mère, aucune barque ne
pourrait tenir la mer avec un pareil vent ; il
est dans son lit.

— Steenie est-il en mer ?

— Non, grand'mère, Steenie est sorti avec

le vieux Edie Ochiltree, le mendiant; ils seront peut-être allés voir l'enterrement.

— Cela ne se peut pas, dit la mère; nous
n'en avons rien su jusqu'à ce que Jock Rand
soit venu et nous ait dit que les Aikwood
avaient reçu ordre de s'y rendre; ils ont tenu
la chose secrète, et ils ont dû apporter le
corps de nuit depuis le château de Glenallan
qui est à dix milles de distance. Il y a dix
jours que la comtesse était exposée sur un lit
de parade dans une grande chambre tendue
de noir, et éclairée avec des cierges.

— Que Dieu lui fasse miséricorde ! dit la
vieille Elspeth, dont l'esprit semblait toujours
occupé de la mort de la comtesse; c'était une
femme entêtée; mais elle a été rendre ses
comptes à celui dont la miséricorde est infinie,
puisse-t-elle l'obtenir ! — Elle retomba dans
le silence, et ne parla plus du reste de la
soirée.

— Je ne puis pas m'imaginer ce que le
vieux mendiant et mon fils Steenie peuvent
faire par une nuit pareille ; dit Maggie Mucklebackit, et Jenny Rintherout témoigna le
même étonnement. — Montez sur le rocher,
enfants, et appelez-les, en cas qu'ils soient à
portée de vous entendre, les gâteaux seront
brûlés, s'ils tardent encore.

L'aîné des enfants partit , mais un moment après il revint en courant et en criant : — Ma mère ! ma grand'mère ! il y a un esprit blanc qui court après deux esprits noirs.

Le bruit des pas de plusieurs personnes succéda à cette singulière annonce , et le jeune Steenie Mucklebackit , suivi par Edie Ochiltree , entra précipitamment dans la chaumière. Ils étaient tous deux couverts de sueur et hors d'haleine. Le premier soin de Steenie fut de chercher la barre de bois pour fermer la porte , mais sa mère lui rappela , que dans le mauvais hiver, il y avait trois ans , elle l'avait brûlée ; car , dit-elle , qu'avons-nous besoin de fermer la porte , nous autres pauvres gens ?

— Personne ne nous poursuit , dit le mendiant , nous sommes comme les méchants qui fuient sans qu'on les poursuive.

— Nous étions poursuivis , vous dis-je , dit Steenie , par un esprit ou par quelque chose qui ne vaut guères mieux.

— C'était un homme habillé de blanc à cheval , dit Edie ; mais il doit s'être enfoncé à chaque pas dans le terrain humide et marécageux : je n'aurais pas cru que mes jambes me servissent encore si bien ; j'ai couru aussi vîte

vîte que si j'avais été à la bataille de Preston-Pans.

— Vous êtes deux fous , dit Luckie Muc-klebackit ; ce devait être un des cavaliers qui étaient à l'enterrement de la comtesse.

— Quoi ! dit Edie , la vieille comtesse a été enterrée cette nuit à Saint-Ruth ? Voilà donc la cause du bruit et des lumières qui nous ont tant effrayés ! si je l'avais su , je serais resté et je n'aurais pas laissé là notre homme ; mais on aura pris soin de lui. Vous avez frappé trop fort , Steenie , je ne sais pas s'il s'en relèvera.

— Ne craignez rien , dit Steenie en riant , il a de bonnes épaules , j'en ai pris la mesure avec mon bâton. Si je n'avais pas agi promp-tement avec lui , il vous aurait cassé la tête.

— Eh bien , dit Edie , si je parviens à me tirer de cette affaire , je ne tenterai plus la Providence. Je ne puis croire cependant qu'il y ait du mal à jouer un tour à un fripon qui ne vit que des tours qu'il joue aux honnêtes-gens.

— Que ferons-nous de ceci ! dit Steenie , en tirant de sa poche un porte-feuille ?

— Dieu nous garde ! s'écria Edie fort alar-mé ; pourquoi avez-vous mis la main sur cet objet ? Un seul feuillet de ce porte-feuille suffirait pour nous faire pendre tous les deux.

— Je crois qu'il était tombé de sa poche , dit Steenie , car je l'ai trouvé à mes pieds , pendant que je tâchais de relever le pauvre diable ; je le pris pour qu'il ne se perdît pas , alors nous entendîmes le bruit d'un cheval et vous me criâtes : « Sauvons-nous ? sauvons-nous ! » et je ne pensai plus au porte-feuille.

— Il faut le rendre à son maître de manière ou d'autre ; il faudra que vous le portiez à la pointe du jour chez Ringan Aikwood. Je ne voudrais pas pour cent livres qu'on le trouvât dans nos mains.

Steenie y consentit.

— Vous avez passé une belle nuit, M Steenie, dit Jenny Rintherout , qui , impatiente de se faire remarquer , se présenta au jeune pêcheur ; vous courez les champs avec des vagabonds , et vous vous faites poursuivre par des esprits , lorsque vous devriez être déjà dans votre lit à dormir comme votre honnête homme de père.

Steenie répondit par des railleries rustiques et ensuite commença une attaque générale contre les gâteaux et le poisson, soutenue avec constance par le secours d'une cruche d'ale et d'une bouteille d'eau-de-vie. Après ce repas

le mendiant alla se coucher sur une botte de
paille dans une hutte voisine, les enfants se
fourrèrent dans leur lit les uns après les autres; la vieille grand'mère fut placée sur son
matelas de laine. Steenie, malgré sa fatigue,
eut la galanterie d'accompagner miss Rintherout à sa demeure, et l'histoire ne dit pas à
quelle heure il retourna. La mère de famille
ayant placé le couvre-feu sur les charbons,
et remis chaque chose à sa place, se reposa
la dernière.

CHAPITRE VI.

Le vieux Edie se leva avec l'aurore, et son
premier soin fut de s'informer de Steenie et
du porte-feuille. Le jeune pêcheur avait été
obligé d'accompagner son père avant la pointe
du jour pour profiter de la marée, mais il
avait promis qu'à son retour, le porte-feuille
et tout ce qu'il contenait, enveloppé dans un
morceau de toile, serait porté à Ringan Aikwood, pour être remis à Dousterswivel à qui
il appartenait.

La mère avait préparé le déjeûner pour la
famille, puis mettant sur son épaule son

panier de poisson, elle s'était acheminée vers Fairport. Les enfans s'amusaient devant la porte, car le temps était superbe. La vieille grand'mère assise sur son fauteuil auprès du feu, avait repris son éternel fuseau, sans être émue des cris et des pleurs des enfants, et des menaces que leur avait adressées leur mère avant son départ. Edie ayant mis sa besace sur son dos, se préparait à recommencer ses courses vagabondes ; mais auparavant il s'avança poliment pour prendre congé de la vieille.

— Bon jour, commère, je vous souhaite encore de longues années. Je reviendrai avant la fin de la moisson, et j'espère vous retrouver en vie et en bonne santé.

— Priez Dieu de me trouver en paix dans le tombeau, dit la vieille d'une voix sépulcrale, mais sans qu'il parût la moindre émotion sur son visage.

— Vous êtes âgée, commère, et moi aussi ; mais il faut attendre la volonté de Dieu : allez, il ne nous oubliera pas.

— Il n'oubliera pas non plus nos actions, dit Elspeth ; l'esprit répondra de ce que le corps aura fait.

— Je désire bien que cela soit vrai ; et je

dois prendre la leçon pour moi, qui ai mené une vie vagabonde et déréglée. Je sais que vous avez toujours été une femme de bon sens. Nous sommes tous fragiles, mais vous, vous ne devez pas avoir grand'chose à vous reprocher.

— Moins que ce que j'aurais pu avoir, mais plus qu'il n'en faut pour couler à fond le plus beau brick qui soit sorti de la rade de Fairport. Quelqu'un ne m'a-t-il pas dit hier, (au moins l'idée en est venue à mon esprit, car les gens vieux ont de singulières imaginations) ne m'a-t-on pas dit que Joscelinde, comtesse de Grenallan, avait quitté la vie ?

— On vous a dit la vérité, répondit le mendiant ; elle a été enterrée hier à la lueur des torches dans les ruines de Saint-Ruth, et moi, comme un fou, j'ai été effrayé en voyant les lumières et les cavaliers.

— C'était leur coutume depuis la mort du grand comte qui fut tué à la bataille d'Harlaw. Ils agissaient ainsi pour prouver qu'ils dédaignaient de mourir et d'être enterrés comme les autres mortels. Les femmes de la maison de Glenallan ne pleuraient pas leurs maris, ni les sœurs leurs frères. Mais est-elle vraiment appelée pour rendre compte de sa vie ?

5.

— Aussi sûr que nous le serons tous un jour, dit Edie.

— Alors il faut que je soulage mon cœur du poids qui l'oppresse, arrive que pourra.

Elle prononça ces mots avec plus de vivacité qu'à l'ordinaire, et elle les accompagna d'un geste de la main; comme si elle rejetait quelque chose loin d'elle. Ensuite elle se leva, et sa taille autrefois élancée, mais maintenant courbée par l'âge et les infirmités, la faisait ressembler à une momie animée par quelque esprit errant. Ses yeux bleu-clair regardaient çà et là, comme si tantôt elle oubliait, tantôt elle se rappelait ce qu'elle cherchait, parmi les divers objets contenus dans une poche à l'ancienne mode. Enfin elle en tira une petite boîte, l'ouvrit, et y prit un bel anneau, où étaient deux mèches de cheveux de couleurs différentes, noirs et châtains, tressés ensemble, et entourés d'un cercle de brillants d'une valeur considérable.

— Brave homme, dit-elle à Ochiltree, pour l'amour du ciel dont vous espérez la miséricorde, il faut que vous fassiez une commission pour moi au château de Glenallan; vous y demanderez le comte.

— Le comte de Glenallan ? comment ! lui

qui ne veut voir aucun des nobles du pays, est-il vraisemblable qu'il reçoive un vieux mendiant comme moi ?

— Allez toujours et essayez; dites-lui qu'Elspeth de Craigburnfoot, (ce nom le fera mieux souvenir de moi) veut le voir avant d'arriver au terme de son long pèlerinage, et qu'elle lui envoie cet anneau en signe de l'affaire dont elle veut lui parler.

Ochiltree regarda l'anneau avec admiration, puis le remit dans la boîte, l'enveloppa d'un mouchoir déchiré, et le plaça dans son sein.

— Bonne femme, dit-il, je remplirai votre commission, et si je ne la remplis pas, il n'y aura pas de ma faute. Mais assurément, on n'a jamais vu un pareil bijou envoyé à un comte par une vieille femme de pêcheur, et par les mains d'un mendiant.

En faisant cette réflexion, Edie prit son bâton ferré, mit son bonnet et se mit en route. La vieille femme demeura quelque temps debout, les yeux fixés sur la porte, par où son messager était parti. L'agitation apparente que la conversation avait excitée, abandonna peu à peu son visage; elle retomba sur son siège accoutumé, et reprit avec son apathie ordinaire sa quenouille et son fuseau.

Cependant Edie Ochiltree poursuivait sa
route, il avait dix milles à faire pour arriver
au château de Glenallan, et le vieux soldat
les fit en quatre heures. Avec cette curiosité
ordinaire aux gens qui mènent une vie oisive
et qui ont un caractère ardent, il mit son esprit à la torture, pour deviner le but de sa
mystérieuse commission, et quel rapport le
fier, le riche, le puissant comte de Glenallan
pouvait avoir avec les crimes ou les repentirs
d'une vieille femme qui radotait, et dont le
rang n'était guères au-dessus de celui de son
messager. Il chercha à se rappeler tout ce
qu'il avait su ou entendu dire sur la famille de
Glenallan, et cependant il ne trouva rien qui
le mît en état de former la moindre conjec-
ture. Il savait que les grands biens de cette
ancienne et puissante famille étaient échus à la
comtesse qui venait de mourir, et qui avait
hérité à un degré remarquable, du caractère
fier, sévère et inflexible qui avait distingué la
maison de Glenallan, depuis qu'elle avait figuré
dans les annales de l'Ecosse. Comme le reste
de ses ancêtres, elle était attachée à la religion catholique romaine, et elle avait épousé
un gentilhomme anglais, de la même communion, qui possédait une grande fortune, et

qui ne survécut que deux ans à leur union. La comtesse demeura donc veuve et maîtresse absolue des biens de ses deux fils. L'aîné, lord Geraldin, qui devait succéder au titre et à la fortune de Glenallan, dépendit entièrement de sa mère pendant qu'elle vécut. Le second, lorsqu'il fut majeur, prit le nom et les armoiries de son père, d'après le contrat de mariage de la comtesse. Depuis lors, il établit sa résidence en Angleterre, et ne rendait à sa mère et à son frère que de courtes et rares visites, dont il finit par se dispenser, après avoir embrassé la religion réformée.

Mais avant d'avoir fait cette offense mortelle à sa mère, le château de Glenallan, avait peu d'attraits pour un jeune homme vif et dissipé comme Edouard Geraldin Neville, quoique cette sombre retraite parût convenir au caractère mélancolique de son frère aîné. Dans le commencement de sa carrière, lord Geraldin avait été un jeune homme doué de grandes qualités. Ceux qui l'avaient connu dans ses voyages, concevaient les plus grandes espérances de sa destinée future. Mais souvent elles sont déçues. Le jeune seigneur retourna en Ecosse, et après avoir passé un an dans le château de Glenallan avec sa mère;

il parut en avoir pris le caractère sombre et
mélancolique. Exclu des affaires politiques par
sa religion , et son goût ne le portant pas à se
créer d'autres occupations , lord Geraldin passait sa vie dans la retraite la plus absolue. Sa
société ordinaire était composée d'ecclésiasti-
ques de sa communion , qui visitaient de temps
en temps sa demeure ; et quelquefois , dans
les occasions très-rares des fêtes solennelles ,
deux ou trois familles qui professaient encore
la religion catholique étaient traitées avec grand
appareil au château de Glenallan. Les voisins
hérétiques n'avaient aucun rapports avec cette
famille ; les catholiques même , après avoir
été reçus avec magnificence , s'en retour-
naient aussi surpris de l'air fier de la comtesse
que du sombre abattement qui ne cessait jamais d'obscurir les traits de son fils. La mort
de sa mère l'avait mis en possession de sa
fortune et de son titre, et le voisinage s'imaginait déjà que l'indépendance ferait renaître
en lui la gaîté ; mais ceux qui connaissaient
mieux l'intérieur de la famille répandirent le
bruit que la santé du comte était ruinée par
les austérités, et que probablement il suivrait
de près sa mère au tombeau. Cet événement
était d'autant plus vraisemblable que son frère

était mort d'une maladie de langueur , qui ,
dans les dernières années de sa vie avait également affecté son corps et son esprit. Les
généalogistes consultaient déjà leurs archives
pour découvrir l'héritier de cette malheureuse
famille , et les gens de loi , prévoyaient avec
joie que cette succession ferait naître de grands
procès.

En approchant du château de Glenallan ,
ancien édifice dont la partie la plus moderne
avait été bâtie sur les dessins d'Inigo Jones ,
Edie Ochiltree commença à réfléchir sur la
meilleure manière de remplir son message.
Après y avoir longuement pensé , il se décida
à envoyer l'anneau au comte par un des domestiques. Dans ce dessein , il s'arrêta à une
cabane , où il enveloppa l'anneau dans du papier , qu'il cacheta et sur lequel il mit cette
adresse : *Pour son Oneur le conte de Glenllan.*
Mais sachant que de pareilles missives remises
à la porte d'une maison par des personnes
telles que lui courent souvent le risque de ne
pas parvenir à leur adresse , Edie résolut ,
comme un vieux soldat , de reconnaître le
chemin avant de faire son attaque. En approchant de la loge du portier , il découvrit par
le grand nombre de pauvres, rangés alentour ,

dont les uns étaient des indigents du voisinage, et les autres des vagabonds mendiants comme lui, qu'il y avait une distribution d'aumônes.

—— Un bienfait ne reste jamais sans récompense, je gagnerai une bonne aumône pour avoir fait la commission de cette vieille femme.

Il se rangea avec le reste de ce régiment en guenilles, se mettant autant que possible au premier rang ; distinction qu'il croyait due autant à sa robe bleue et à sa plaque, qu'à son âge et à son expérience ; mais il s'aperçut bientôt qu'il y avait dans cette assemblée un autre droit de préséance auquel il ne s'attendait pas.

—— Etes-vous à triple ration, l'ami, vous qui vous avancez si hardiment ? je ne crois pas, car il n'y a pas de catholique qui porte cette plaque.

—— Non, non, je ne suis pas romain, dit Edie.

—— Alors rangez-vous avec les hommes à double ration ou à simple ration, c'est-à-dire avec les épiscopaux ou avec les presbytériens : c'est une honte de voir un hérétique comme vous avec une longue barbe blanche qui irait si bien à un ermite.

Olchiltree ainsi rejeté de la société des mendiants

diants catholique ou de ceux qui se disaient tels, vint se ranger avec les pauvres de la communion anglicane, à qui le noble donateur accordait une double portion. Mais jamais un pauvre non-conformiste ne fut chassé plus rudement d'un synode d'épiscopaux, même lorsque leurs querelles étaient les plus violentes, sous le règne de la reine Anne.

— Voyez-le donc avec sa plaque ! disait-on, il entend chaque année à la naissance du roi le sermon d'un chapelain presbytérien, et il voudrait passer pour un membre de l'église épiscopale ! Non, non ; nous aurons soin qu'il n'en soit pas ainsi.

Edie, ainsi rejeté par Rome et l'épiscopat, alla se mettre à couvert des éclats de rire de ses confrères, au milieu du groupe peu nombreux des presbytériens, qui n'avaient pas voulu cacher leurs opinions religieuses pour avoir une plus forte ration, ou qui savaient qu'ils ne pouvaient recourir à cette ruse sans être découverts.

On observa les mêmes gradations dans le mode de distribution des aumônes ; qui consistaient en pain, en bœuf et en une pièce de monnaie. L'aumônier, ecclésiastique à l'air grave, surveillait en personne à celle qui s

faisait aux catholiques ; il leur adressait à chacun quelque question , et recommandait à
leurs prières, l'ame de feue Joscelinde , comtesse de Glenallan , mère de leur bienfaiteur.
Le portier, distingué par une longue canne à
pomme d'argent, et par sa longue robe noire,
galonnée d'argent, présidait à la distribution
qui se faisait aux épiscopaux. Les presbytériens moins favorisés étaient abandonnés aux
soins d'un vieux domestique.

Comme celui-ci discutait quelque point con-
testé avec le portier, son nom prononcé par
hasard, frappa Ochiltree , et lui rappela les
souvenirs de son jeune temps. La troupe des
pauvres se retirait , lorsque le domestique
s'approchant d'Edie qui restait , lui dit avec
l'accent du comté d'Aberdeen fortement prononcé : — Que fait là ce vieux fou ? Ne peut-
il pas s'en aller , maintenant qu'il a reçu de
l'argent et des vivres ?

— Francie Macraw , répondit Edie Ochiltree, vous souvenez-vous de Fontenoi , et de
formez le carré ?

— Oh ! oh ! s'écrie Francie en le reconnaissant , personne ne peut parler ainsi que
mon ancien serre-file , Edie Ochiltree. Mais
je suis fâché de vous voir dans un état si misérable , mon vieux camarade.

— Pas si misérable que vous le croyez, Francie, cependant je ne voudrais pas m'en aller sans causer un moment avec vous, et je ne sais quand je vous reverrai, car on ne reçoit pas très-bien les protestants ici, et c'est la raison pour laquelle je n'étais jamais venu.

— Bah ! bah ! ne craignez rien, dit Francie ; venez avec moi et je vous donnerai quelque chose de meilleur que cet os de bœuf.

Après avoir dit un mot en confidence au portier, sans doute pour s'assurer de sa connivence, il attendit que l'aumônier fût rentré dans la maison d'un pas lent et solennel, et il introduisit son vieux camarade dans la cour du château de Glenallan, dont le sombre portail était surmonté d'un grand écusson sur lequel on avait mêlé les emblêmes de l'orgueil et du néant de l'homme. Les armoiries héréditaires de la comtesse avec ses nombreux quartiers étaient peintes sur un écu en lozange, et entourées des armoiries paternelles et maternelles, mêlées à des faux, des sabliers, des ossements, et autres symboles de cette mort qui nivelle toutes les conditions. Macraw traversa la cour aussi rapidement que possible, et le conduisit dans un petit appartement voisin des offices, que les fonctions qu'il rem-

plissait auprès du comte de Glenallan, lui
donnaient le droit d'appeler le sien. Il ne fut
pas difficile à Francie de se procurer des mets
froids de différente espèce, de la bière forte
et même de l'eau-de-vie, car, sans déroger à
sa dignité, il avait su se conserver l'amitié du
sommelier. Notre ambassadeur se mit à boire
et à raconter de vieilles histoires, jusqu'au
moment où, la conversation étant épuisée,
il se décida à parler de son message, qui avait
pendant quelque temps échappé à sa mémoire.

J'ai une pétition à présenter au comte, dit-
il; car il jugea prudent de ne rien dire de
l'anneau, ne sachant si les mœurs d'un simple
soldat ne s'étaient pas corrompues au service
d'une grande maison.

— Mon ami, dit le portier, le comte ne
reçoit pas de pétition ; mais je puis la donner
à l'aumônier.

— Mais elle a rapport à un secret, que
peut-être milord voudra connaître seul.

— Raison de plus pour que l'aumônier la
voie le premier.

— Mais je suis venu ici exprès pour la remettre, et j'espère que vous m'aiderez un peu.

— Et je le ferai, à moins qu'il n'y ait im-
possibilité ; d'ailleurs tout ce qu'on peut me

faire, c'est de me mettre à la porte, et je pensais à demander mon congé, pour aller finir mes jours à Inverrary.

Avec la résolution de servir son ami à tous risques, puisque le plus grand qu'il pouvait courir n'avait pas beaucoup d'inconvénients pour lui, Francie Macraw sortit de l'appartement. Il demeura long-temps dehors, et lorsqu'il rentra, sa contenance annonçait l'agitation et l'étonnement.

— Je ne sais pas si vous êtes Edie Ochiltree, de la compagnie Carrick, du 42e, ou si vous êtes le diable!

— Qu'est-ce qui vous fait parler de la sorte? dit le mendiant étonné.

— Parce que milord a été dans une surprise et dans un désespoir, où je n'ai jamais vu personne dans ma vie. Mais il veut vous voir. Il a demeuré quelque temps comme un homme hors de lui-même; et il semblait prêt à perdre connaissance, lorsqu'il est revenu à lui, il a demandé qui avait apporté ce paquet; que devais-je lui dire?

— Que c'étoit un vieux soldat, dit Edie; cela convient mieux à la porte d'un noble; à celle d'un fermier, il vaudrait mieux dire que c'est un vieux chaudronnier, car peut-être la

fermière aurait quelque chose à faire rac-
commoder.

— Je n'ai dit ni l'un ni l'autre ; milord se
soucie fort peu de tous les deux. Je lui ai dit
que ce papier avait été apporté par un homme
qui avait une longue barbe blanche ; ce pouvait être un frère capucin ; car il était vêtu
comme un vieux pélerin. Il vous fera appeler
quand il voudra vous voir.

— Dieu veuille qu'il ne m'arrive pas malheur de cette affaire , pensa Edie ; on dit que
le comte n'a pas le jugement très-sain , et qui
sait jusqu'à quel point il peut être offensé de
ce que j'ai pris la liberté de m'adresser à lui ?

Mais il n'y avait pas moyen de se retirer ;
une clochette se fit entendre dans un appartement éloigné , et Macraw dit d'un ton aussi
bas que s'il était déjà en présence de son maître : — C'est la sonnette de milord , suivez-
moi , et marchez légérement , Edie.

Edie suivit son guide, qui semblait craindre
de faire le moindre bruit en marchant ; ils
passèrent par un long corridor , montèrent
par un escalier dérobé , et entrèrent dans les
appartemens de la famille. Ils étaient vastes
et meublés avec une magnificence qui montrait l'ancienne splendeur de cette maison.

Mais tous les ornements étaient d'un goût et
d'une forme antiques, et l'on aurait cru tra-
verser les salles d'un seigneur écossais avant
l'union des deux couronnes. La comtesse dé-
funte, soit par mépris pour l'époque où elle
vivait, soit par un sentiment d'orgueil, n'avait
pas permis qu'on changeât rien à l'ameuble-
ment ni qu'on le mît à la moderne , pendant
sa résidence au château de Glenallan. Ce qu'il
y avait de plus magnifique dans les décora-
tions, c'était une précieuse collection de tableaux des meilleurs maîtres , dont les cadres
massifs étaient un peu ternis par le temps. On
retrouvait encore le caractère sombre de cette
famille dans le choix des sujets. Il y avait
quelques portraits de famille par Van-Dyke
et autres excellents maîtres ; mais la collection
était plus riche en saints et en martyres du
Dominicain , de Valasquez et de Murillo, et
en autres sujets du même genre , qui avaient
été choisis de préférence aux paysages et aux
tableaux de genre. La manière dont ces sujets
terribles et un peu repoussants étaient repré-
sentés , était en harmonie avec le sombre aspect de ces appartements ; cette circonstance
n'échappa pas au vieillard, pendant qu'il les
traversait sous la conduite de son ancien com-

pagnon d'armes. Il allait exprimer son sentiment, mais Francie lui imposa silence par un
signe, et ouvrant une porte à l'extrémité de
la longue galerie de tableaux, il le fit entrer
dans une petite antichambre tendue de noir.
Là ils trouvèrent l'aumônier, l'oreille tournée
vers une porte opposée à celle par laquelle
ils étaient entrés, dans l'attitude d'un homme
qui écoute avec attention, mais qui est en
même temps effrayé de se voir découvert.

Le vieux domestique et le prêtre tressailli-
rent en se voyant l'un l'autre. Mais l'aumônier
revint à lui le premier, et s'avançant vers
Macraw, il lui dit tout bas, mais d'un ton
d'autorité : —— Comment osez-vous approcher de l'appartement du comte sans frapper ? Quel est cet étranger ? qu'a-t-il à faire
ici ? Retournez dans la galerie, et allez m'y
attendre.

—— Il m'est impossible d'obéir en ce moment à votre révérence, répondit Macraw
en élevant la voix de manière à être entendu
de l'appartement voisin, persuadé que le
moine ne voudrait pas soutenir l'altercation à
portée du comte ; la sonnette de milord nous
a appelés.

Il avait à peine prononcé ces mots, que la

sonnette se fit encore entendre avec plus de
violence ; l'ecclésiastique voyant qu'il était impossible de continuer ses questions , sortit en
menaçant du doigt Macraw.

— Je vous le disais bien , dit tout bas
Francie à Ochiltree ; et il ouvrit la porte près
de laquelle ils avaient trouvé le chapelain en
station.

CHAPITRE VII.

Les anciennes formes du deuil étaient obser-
vées dans le château de Glenallan ; malgré
l'opiniâtreté avec laquelle le vulgaire supposait
que cette famille refusait aux morts tout tribut
de douleur. On remarqua que lorsque la comtesse reçut la lettre fatale qui lui annonçait la
mort de son second fils , de celui qui avait
été autrefois son favori , sa main ne trembla
pas ; son œil demeura sec, comme si elle avait
lu une simple lettre d'affaires. Dieu seul sait
si l'effort qu'elle fit sur elle-même et que son
orgueil lui commandait pour étouffer ses sentiments, n'avait pas hâté sa mort. On supposa
généralement que l'attaque d'apoplexie qui
avait terminé son existence sitôt après , n'était

6.

que la vengeance de la nature outragée par sa
résistance aux sentiments qu'elle inspire. Mais
quoique lady Glenallan eût évité de donner
les signes ordinaires de la douleur , elle avait
tendu de noir plusieurs de ses appartements,
entr'autres le sien , et celui du comte.

Le comte de Glenallan était donc assis dans
un appartement tendu de drap noir , qui descendait en sombres plis le long de ses murs
élevés. Un grand paravent couvert aussi d'une
étoffe noire , et placé devant une étroite croi-
sée interceptait une grande partie de la lumière du jour , qui parvenait à se frayer un
passage à travers les vitraux sur lesquels un
peintre du quatorzième siècle avait tracé la
vie et les douleurs du prophète Jérémie. La
table près de laquelle le comte était assis ,
soutenait deux lampes d'argent qui jetaient
cette lueur désagréable et douteuse qui pro-
vient du mélange d'une clarté artificielle avec
celle du jour , sur la même table était un cru-
cifix d'argent , et deux livres couverts de parchemin avec des agraffes. Un grand tableau
de l'Espagnolet , représentant le martyre de
saint Étienne , était le seul ornement de cette
chambre.

Le maître de ce lugubre appartement était

un homme d'un âge peu avancé ; mais tellement usé par les souffrances de l'esprit et du
corps , si maigre et si faible , qu'il paraissait
n'être plus que l'ombre d'un homme, et lorsqu'il se leva pour aller au devant de celui qui
arrivait, cet effort sembla presque au-dessus
de ses forces. Quand ils se rencontrèrent au
milieu de l'appartement , le contraste qu'ils
présentaient était frappant. Les joues colorées,
la démarche ferme, la taille élevée et l'assurance du vieux mendiant indiquaient la patience et le contentement, au dernier terme
de la vie et dans la condition la plus basse de
la société , tandis que l'œil morne , le visage
pâle , la démarche chancelante du seigneur ,
prouvaient combien peu les richesses , le pouvoir et même les avantages de la jeunesse,
peuvent donner ce qui procure la paix à
l'esprit et la vigueur au corps.

Le comte rencontra le vieillard au milieu
de l'appartement, et ayant ordonné à Macraw
de se retirer dans la galerie, et de ne laisser
entrer personne dans l'antichambre avant
qu'il eût sonné , il attendit d'un air d'impatience , jusqu'à ce qu'il eût entendu fermer la
porte de sa chambre , puis celle qui conduisait de l'antichambre dans la galerie. Certain

de ne pouvoir être entendu, lord Glenallan s'approcha du mendiant qu'il prenait sans doute pour quelque religieux déguisé, et il lui dit d'un ton précipité, mais en balbutiant :

— Au nom de tout ce que notre religion a de plus sacré, dites-moi, mon révérend père, ce que je dois attendre d'une visite annoncée par l'envoi d'un objet qui réveille de si horribles souvenirs ?

Le vieillard, étonné d'une réception si différente de celle qu'il attendait d'un seigneur si fier et si puissant, ne savait que lui répondre et de quelle manière le détromper. — Dites-moi, continua le comte, avec un accent qui peignait ses angoisses, dites-moi si vous venez m'annoncer que tout ce qui a été fait pour expier un crime si horrible a été insuffisant, et si vous venez m'imposer des pénitences plus sévères et plus efficaces ? Je m'y soumettrai, mon père ; j'aime mieux que mon corps souffre en ce monde, que mon ame dans l'autre.

Edie eut assez de présence d'esprit pour comprendre, que s'il ne se hâtait d'interrompre les aveux de lord Glenallan, il en apprendrait plus qu'il ne se souciait d'en savoir, pour sa propre sûreté. Il lui dit donc d'une voix tremblante : — Votre seigneurie se trompe ; je ne suis pas de votre croyance, je ne suis pas ecclésiastique, je ne suis que le pauvre Edie Ochiltree, mendiant du roi et de votre honneur.

Cette explication fut accompagnée d'une profonde inclination ; puis il se releva avec tout l'avantage que lui donnait sa grande taille, appuya ses bras sur son bâton, rejeta en arrière ses longs cheveux blancs et fixa ses yeux sur le comte, comme s'il attendait une réponse.

— Vous n'êtes donc pas un prêtre catholique ? dit lord Glenallan après un moment de silence occasionné par la surprise.

— Dieu m'en préserve ! s'écria Edie, à qui sa confusion faisait oublier quelle était la personne à qui il parlait ; je ne suis que le pauvre mendiant du roi et de votre honneur, comme je vous l'ai déjà dit.

Le comte se retourna vivement, fit deux ou trois fois le tour de l'appartement, comme pour se remettre des effets de sa méprise, puis, se rapprochant du mendiant, il lui demanda, d'un ton sévère et impérieux, pourquoi il avait voulu lui parler en particulier, et d'où venait l'anneau qu'il lui avait envoyé.

Edie, assez hardi naturellement, fut moins embarrassé par ce mode d'interrogatoire, que par le ton de confiance qui avait commencé la conversation. Il répondit avec calme que l'anneau lui avait été remis par une personne qui était plus connue de sa seigneurie que de lui.

—— Connue de moi ? que voulez-vous dire ? expliquez-vous à l'instant, ou vous apprendrez ce qu'on gagne à s'introduire au milieu d'une famille plongée dans l'affliction.

—— C'est la vieille Elspeth Mucklebackit qui m'a envoyé pour vous dire....

—— Vous radotez, vieillard ! dit le comte, je n'ai jamais entendu ce nom ; mais cet objet terrible me rappelle.....

—— Je m'en souviens maintenant, milord ; elle m'a dit que votre seigneurie la connaîtrait mieux sous le nom d'Elspeth de Craigburnfoot : c'est celui qu'elle portait lorsqu'elle vivait sur les terres de votre honneur, c'est-à-dire sur celles de milady votre mère, la paix soit avec elle.

—— Oui, dit le comte d'un air sombre, tandis que son visage prenait une teinte encore plus cadavéreuse ; ce nom est en effet écrit dans la page la plus tragique d'une déplorable histoire. Mais que désire-t-elle de moi ? Est-elle morte ou vivante ?

— Elle est vivante, milord; et elle souhaite ardemment de voir votre seigneurie
avant de mourir, car elle a quelque chose à
vous communiquer qui pèse sur son cœur, et
elle dit qu'elle ne peut mourir en paix sans
vous avoir vu.

— Sans m'avoir vu! que signifie cela? l'âge
et les infirmités ont troublé sa raison. Il y a
environ un an que je me rendis dans sa cabane,
en apprenant qu'elle était dans la détresse,
mais elle ne reconnut ni mon visage ni ma
voix.

— Si votre honneur me le permettait,
dit Edie à qui la longueur de la conférence
rendait une partie de son audace et de sa lo-
quacité naturelles, si votre honneur me le
permettait, je lui dirais, sauf le jugement
supérieur de votre seigneurie, que la vieille
Elspeth ressemble à ces anciennes forteresses
et à ces châteaux ruinés qu'on voit sur les
montagnes. Il y a dans son esprit des parties
qui tombent en ruine, mais il y en a d'autres
qui n'en paraissent que plus fortes et plus
magnifiques, parce qu'elles s'élèvent au milieu
des décombres. C'est une femme étonnante.

— Elle l'a toujours été, dit le comte en
répétant sans le savoir l'observation du men-

diaut; elle a toujours été différente des autres
femmes; elle n'en ressemblait que plus à celle
qui n'est plus par son caractère et la tournure
de son esprit. Elle désire donc de me voir ?

—— Avant de mourir, elle souhaite vivement
d'avoir ce plaisir.

—— Ce ne sera un plaisir ni pour elle ni
pour moi, dit le comte d'un ton sévère; cependant elle sera satisfaite. Elle demeure, je
crois, sur le bord de la mer au sud de Fairport ?

—— Juste entre Monkbarns et le château de
Knockwinnock, mais plus près de Monkbarns.
Votre honneur connaît sans doute le laird et
sir Arthur ?

Lord Glenallan regarda le vieillard d'un œil
fixe. Edie vit que son esprit était ailleurs; et
n'osa pas répéter une question si peu d'accord
avec le sujet dont il s'agissait.

—— Etes-vous catholique, vieillard ? demanda le comte.

—— Non, milord, dit courageusement Ochiltree, qui se rappela en ce moment le partage
inégal des aumônes; grace à Dieu, je suis un
bon protestant.

—— Celui qui en conscience peut se dire
bon, a sujet de remercier le ciel, quelle que

soit la secte chrétienne dans laquelle il vit. Mais quel est celui qui ose se le dire ?

— Ce n'est pas moi, dit Edie ; j'espère n'être pas coupable du péché de présomption.

— Quelle a été votre profession dans votre jeunesse ?

— J'étais soldat, milord, et j'ai rudement travaillé. J'aurais dû être fait sergent, mais....

— Soldat ! ainsi donc vous avez tué et brûlé, pillé et saccagé !

— Je ne dirai pas que j'aie été meilleur que les autres ; c'est un rude métier ; la guerre n'est douce que pour ceux qui n'en ont jamais tâté.

— Et maintenant vous êtes vieux et misérable ; vous demandez aujourd'hui le pain que vous avez arraché dans votre jeunesse aux pauvres paysans.

— Je suis mendiant, il est vrai, milord ; mais je ne suis pas aussi misérable que vous le pensez. Quand à mes péchés, j'ai eu la grace de m'en repentir ; et celui qui s'en est chargé est plus en état de les porter que moi. Pour ma nourriture, personne ne refuse à manger et à boire à un vieillard. Je vis comme je puis, et je suis prêt à mourir, quand Dieu m'appellera.

— Et ainsi donc , ne trouvant dans votre vie passée que peu de souvenirs agréables ou honorables , et n'espérant rien dans l'avenir sur la terre , vous vous contentez de traîner le reste de votre existence. Allez, retirez-vous ; et malgré votre âge , votre pauvreté et vos souffrances, ne portez jamais envie au seigneur d'un château comme celui-ci , ni lorsqu'il veille , ni lorsqu'il dort. Voici quelque chose pour vous.

Le comte mit dans la main du vieillard cinq ou six guinées. Edie aurait peut-être témoigné quelques scrupules de recevoir un don si considérable , comme en tant d'autres occasions , mais le ton du comte était trop absolu pour qu'il osât se permettre une observation. Lord Glenallan appela son domestique : — Ayez soin que ce vieillard sorte paisiblement du château ; que personne ne lui fasse de questions. — Et vous , retirez-vous , et oubliez la route qui vous conduit à ma demeure.

— Cela serait difficile , dit Edie , en regardant l'or qu'il tenait encore dans sa main ; votre honneur m'a donné de trop bonnes raisons pour m'en souvenir.

Lord Glenallan le regarda d'un œil fixe ,

comme s'il comprenait à peine que le vieillard osât lui répliquer ; puis il lui réitéra avec un geste de la main l'ordre de partir , auquel le mendiant obéit sur le champ.

CHAPITRE VIII.

FRANCIS MACRAW , d'après les ordres de son maître, accompagna le mendiant hors de la porte du château , sans lui permettre d'avoir aucune conversation , aucun rapport avec les vassaux ou les domestiques du comte. Mais observant judicieusement que la restriction ne s'étendait pas jusqu'à lui , qui avait été chargé de l'accompagner , il se servit de tous les moyens qui étaient en son pouvoir, pour apprendre d'Edie le sujet de son entrevue confidentielle et secrète avec lord Glenallan. Mais Edie avait subi dans son temps plus d'un interrogatoire , et il éluda facilement les questions de son ancien camarade. — Les secrets des grands , pensa Ochiltree , sont comme des bêtes féroces retenues dans des cages. Tenez-les enfermées , et tout ira bien ; mais laissez-les échapper , et elles vous dévoreront. Je me souviens de ce qui arriva à Dugald Gunn pour n'avoir pas retenu sa langue sur le compte de la femme du major et du capitaine Ban-dilier.

Francie fut trompé dans tous les efforts qu'il fit pour triompher de la discrétion du mendiant, et comme un mauvais tireur d'ar-mes, à chaque mouvement infructueux il prê-tait le flanc à son adversaire.

— Ainsi donc vous n'aviez donc rien de particulier à dire à milord ? Vous ne vouliez lui parler que de vos propres affaires.

— Pas davantage, et aussi sur quelques bagatelles que j'avais apportées des pays étran-gers. Je savais que vous autres papistes, vous attachez beaucoup de prix à des reliques qui viennent de certaines églises.

— Ma foi, il faut que milord ait tout-à-fait perdu la tête, s'il se met dans un tel état à la vue de ce que vous lui avez apporté.

— Vous pouvez avoir raison, Francie ; mais il a peut-être eu beaucoup de chagrins dans sa jeunesse, et voilà ce qui trouble la cervelle de beaucoup de gens.

— Vous l'avez deviné, Edie ; et puisque vous ne devez plus revenir dans ce château, et quand vous y reviendriez, vous ne m'y trou-veriez plus, je puis vous dire qu'il a éprouvé de si grands malheurs dans sa jeunesse , qu'il est étonnant qu'il n'ait pas perdu la tête depuis long-temps.

— Vraiment ? dit Ochiltree , je parie que c'est pour une femme.

— Ma foi , vous avez frappé juste ; c'était pour une de ses cousines , miss Eveline Neville. Il a couru quelques bruits dans le pays à ce sujet , mais il ont été bientôt étouffés : car de grands personnages étaient intéressés à ce qu'ils ne se répandissent pas. Il y a plus de vingt ans de cela , il doit y en avoir vingt-trois.

— J'étais alors en Amérique , dit le mendiant , et je n'étais pas à portée d'apprendre les bruits qui couraient dans le pays.

— Cela ne fit pas grand bruit , répondit Macraw ; le comte aimait cette demoiselle , et l'aurait épousée , mais sa mère ne le voulut pas , et alors le diable fut en l'air. Enfin la pauvre fille se précipita du haut du rocher de Craigburnfoot dans la mer , et tout fut fini.

— Tout fut fini pour elle , mais non pas pour le comte , je pense ?

— Non , sa douleur ne finira qu'avec sa vie.

— Mais pourquoi la vieille comtesse s'opposa-t-elle à ce mariage ? continua le curieux mendiant.

— Pourquoi ? elle ne le savait peut-être pas bien elle-même ; mais qu'elle eût raison ou tort, il fallait obéir. On savait que la jeune personne penchait pour les hérésies du pays ; d'ailleurs elle était plus proche parente du comte que l'église ne le permet. Ainsi elle fut poussée à cet acte de désespoir , et depuis le comte n'a plus porté la tête haute comme un homme.

— Il est étonnant que je n'aie jamais entendu raconter cette histoire jusqu'à ce jour, dit Ochiltree.

— Il est encore plus étonnant que vous l'entendiez aujourd'hui , car du diable si aucun domestique eût osé en dire un mot pendant que la comtesse vivait. Ah ! c'était une rude femme ! il ne fallait pas qu'un homme se hasardât à lui tenir tête. Mais maintenant elle est dans son tombeau , et nous pouvons donner un peu de liberté à nos langues , lorsque nous trouvons un ami. Adieu , Edie ; il faut que j'assiste à l'office du soir. Si vous allez à Inverrary dans six mois d'ici , n'oubliez pas de vous informer de Francie Macraw.

Edie le lui promit, et après s'être affectueusement serré la main , ils se quittèrent , le domestique de lord Glenallan pour retourner au château de son maître , et Ochiltree pour recommencer son pélerinage.

C'était une belle soirée d'été , et le monde entier, c'est-à-dire le petit cercle qu'il parcourait habituellement , était ouvert devant Edie Ochiltree, pour y choisir un asyle pour la nuit. Lorsqu'il fut sorti des domaines moins hospitaliers de Glenallan , il ne lui resta que l'embarras du choix. L'auberge d'Ailie Sim était à un mille sur sa route ; mais comme c'était le samedi soir , il devait y avoir une bande de jeunes gens, et il serait impossible d'y trouver une conversation polie. Plusieurs fermiers et fermières se présentèrent à sa mémoire ; mais l'un était sourd et ne pourrait pas l'entendre ; l'autre n'avait pas de dents , et ne pouvait se faire comprendre ; un troisième était brutal , et le quatrième avait un chien méchant. Il était sûr d'être bien reçu à Monkbarns et à Knockwinnock, mais ces deux châteaux étaient trop éloignés pour qu'il pût y arriver à la nuit sans se fatiguer.

— Je ne sais comment cela se fait , pensa le vieillard , mais je suis plus difficile ce soir pour mon logement, que je ne l'ai été dans toute ma vie. Ce château que je viens de visiter , et où j'ai vu qu'on n'était pas heureux ,

m'a rendu plus fier de ma condition. Mais
point d'orgueil ; c'est ce vice qui cause la ruine
des hommes. La plus mauvaise grange est plus
agréable que le château de Glenallan avec ses
tableaux , ses tentures de velours noir et
tous ses ornements d'argent. Il faut enfin se
décider , allons chez Ailie Sim.

Tandis que le vieillard descendait la mon-
tagne qui dominait le petit hameau vers lequel
il dirigeait sa course, le soleil couchant avait
fait quitter leurs travaux à ses habitants , et
les jeunes gens profitant d'une belle soirée ,
faisaient une partie de boule , dont les femmes
et les vieillards étaient spectateurs ; les cris ,
les éclats de rire , les exclamations des per-
dants et des gagnants parvinrent jusqu'aux
oreilles d'Ochiltree, ils lui rappelèrent les jours
où il prenait part à ces jeux , et où il était
souvent vainqueur. Ces souvenirs manquent
rarement d'exciter un soupir , même lorsque,
au soir de la vie, on jouit d'une perspective
plus brillante que celle d'un pauvre mendiant.
— Alors , pensa-t-il , je n'aurais pas plus
pensé à un vieux vagabond qui serait descendu
du Kinblythemont, que ce que ces enfants
pensent au vieux Edie Ochiltree.

Cependant cette idée triste s'évanouit bientôt
lorsqu'il

lorsqu'il vit qu'on attachait plus d'importance
à son arrivée, que sa modestie ne le prévoyait. Une discussion s'était élevée entre les
joueurs, et comme le commis des douanes
favorisait un côté, et le maître d'école l'autre,
on pouvait dire que l'affaire était soutenue par
les puissances de l'endroit. Le meûnier et le
serrurier avaient aussi pris un parti différent,
et vu la vivacité de ces deux personnages, on
pouvait douter que la discussion se terminât à
l'amiable. Mais le premier qui aperçut le mendiant s'écria : — Ah ! voici le vieux Edie, qui
connaît la règle de tous les jeux mieux que
tout joueur de boules, de palets ou de bâton.
Point de querelles, mes amis; nous nous en
tiendrons au jugement d'Edie.

Edie fut reçu avec joie et installé juge du
coup au milieu des acclamations. Avec toute
la modestie d'un ministre à qui la mître est
offerte, ou d'un nouvel orateur appelé au
fauteuil de président de la chambre des com-
munes, le vieillard refusait cette dignité et
cette responsabilité dont on voulait l'inves-
tir ; mais en récompense de son humilité,
il eut le plaisir d'entendre les vieux, les jeunes, et les hommes faits assurer qu'il était la
personne la plus capable d'exercer les fonc-

tions d'arbitre dans tout le pays. Ainsi en-
couragé, il commença gravement l'exercice
de ses fonctions, et interdisant toute expression injurieuse, il écouta le commis des douanes et le serrurier pour un parti, et le maître
d'école et le meûnier pour l'autre. Le jugement d'Edie était déjà formé, avant d'avoir
entendu les plaidoyers ; de même que celui
de beaucoup de juges, qui néanmoins enten-
dent pour la forme les discours des avocats.
Lorsque tout eut été dit, le vieillard plein de
modération et de prudence prononça que le
coup était nul et ne devait compter pour personne. Cette décision judicieuse rétablit la
concorde parmi les joueurs ; ils allaient recommencer, ils quittaient déjà leurs vestes et
leurs mouchoirs de couleur, pour les confier
à leurs femmes, à leurs sœurs et à leurs maîtresses, lorsque leur joie fut interrompue
d'une manière singulière.

En dehors du groupe des joueurs commencèrent à s'élever des bruits bien différents de
ceux de gens qui s'amusent, on entendit ces
soupirs étouffés, ces exclamations, avec lesquelles on reçoit les premières nouvelles d'un
malheur. Les femmes murmuraient entr'elles :
—— Quoi ! si jeune et sitôt retiré de ce monde !

Bientôt le bruit se répandit parmi les hommes et fit cesser les accents de la joie. Chacun comprit qu'il était arrivé quelque désastre dans le pays, et en demandait la cause à son voisin, qui ne savait que lui répondre. Enfin la rumeur prenant plus de consistance parvint jusqu'aux oreilles d'Edie Ochiltree, qui était au centre de l'assemblée. Le bateau de Mucklebackit, le pêcheur dont nous avons si souvent parlé, avait été submergé et quatre hommes qui le montaient avaient péri, disait-on, et parmi eux Mucklebackit et son fils. Mais en cette occasion, comme en tant d'autres, la rumeur avait été au-delà de la vérité. Le bateau avait bien été submergé, mais Etienne ou Steenie Mucklebackit, était le seul homme qui se fût noyé. Quoique, par le lieu de sa demeure, et par son genre de vie, ce jeune homme ne fît pas ordinairement partie de la société des jeunes gens, cependant ils mirent fin à leurs amusements rustiques pour payer leur tribut de douleur à sa mort causée par un de ces événements rares. Pour Edie en particulier, cette nouvelle fut un coup de foudre; il se rappela avec remords qu'il avait engagé ce jeune homme à lui aider à jouer un mauvais tour à l'adepte allemand, et quoiqu'ils

...e voulussent lui causer ni tort ni dommage , ...pendant ce n'était pas une occupation con-venable pour les derniers moments de sa vie.

Un malheur n'arrive jamais seul. Tandis qu'Ochiltree , appuyé d'un air pensif sur son bâton , joignait ses regrets à ceux des habi-tants du hameau, et se blâmait intérieurement de l'avoir engagé à se mêler de cette aventure, le vieillard fut saisi au collet par un officier de paix, qui tenant son bâton de la main droite, lui dit : —— Je vous arrête au nom du roi.

Le commis des douanes et le maître d'école unirent leur rhétorique pour prouver au cons-table et à son assistant qu'ils n'avaient pas le droit d'arrêter un mendiant du roi comme vagabond ; et l'éloquence muette du meûnier et du serrurier qui consistait en leurs poings fermés , était prête à défendre leur arbitre ; son manteau bleu devait lui servir de garantie, disaient-ils , pour parcourir le pays.

—— Mais son manteau bleu , répondit l'of-ficier , ne doit pas lui servir de protection lors-qu'il commet un vol et un assassinat ; et c'est pour ces crimes que je l'arrête.

—— Et qui ai-je assassiné ? demanda Edie.

—— M. German Dousterciwil, l'agent des mines de Glen-Withershins.

— Moi assassiner Dustersnivel ! il est encore plein de vie.

—Non pas grace à vous ; il a fait de grands
efforts pour défendre sa vie , si tout ce qu'il
dit est vrai , et il faut que vous obéissiez à
la loi.

Les défenseurs du mendiant reculèrent en
entendant l'atrocité du crime dont il était ac-
cusé ; mais une main charitable donna du
pain et de l'argent à Edie pour vivre dans la
prison où les officiers allaient le conduire.

— Je vous remércie : — Dieu vous bénisse !
— Je me suis tiré de plus d'une affaire pareille , où je méritais bien moins d'être délivré.
Je m'échapperai comme un oiseau des mains
de l'oiseleur. Ne pensez pas à moi ; je suis plus
triste du sort du pauvre Steenie que de tout
ce qui peut m'arriver.

Le prisonnier fut emmené sans résistance ,
en acceptant màchinalement et en mettant dans
sa besace les aumônes qui pleuvaient sur lui
de toutes mains ; et avant qu'il eût quitté le
hameau il était aussi chargé qu'un pour-
voyeur du gouvernement. On le soulagea de
ce fardeau en lui procurant une charrette pour
le conduire au magistrat qui devait l'inter-
roger.

7.

Le malheur de Steenie et l'arrestation d'Edie
mirent fin aux jeux du village ; chacun songea
aux vicissitudes des choses humaines , qui
avaient tout-d'un-coup mis au tombeau un de
leurs camarades , et qui menaçaient celui qui
leur donnait ordinairement le signal de la
gaîté , du danger d'être pendu. Le caractère de
Dousterswivel qui était généralement connu, ce
qui veut dire qu'il était généralement détesté ,
donna lieu à supposer que l'accusation était
calomnieuse. Mais tous convinrent, que si à
tout événement Edie Ochiltree devait être
puni , c'était bien dommage qu'il n'eût pas
mieux mérité son sort , en tuant Dousterswivel.

CHAPITRE IX.

Ainsi donc , dit l'antiquaire, ce sera dans
cette matinée qu'on portera en terre, ce pauvre jeune pêcheur , Steenie Mucklebackit ?
Sans doute, l'on espère me voir assister au
convoi funèbre , disait l'antiquaire , en quit-
tant sa robe de chambre pour prendre un
habit noir à l'ancienne mode au lieu du vête-
ment couleur de tabac qu'il portait ordinairement,

— Oui , dit le fidèle Caxon en brossant
officieusement l'habit de son patron. Le corps
de cet infortuné garçon, Dieu nous en préserve, a été si endommagé par le rocher,
qu'on est obligé de presser l'enterrement. La
mer est un terrible élément, comme je le dis
à ma fille, pauvre enfant : la mer , lui dis-je
est un métier bien incertain....

— Aussi incertain que celui de perruquier,
ruiné par la taxe sur la poudre et la mode de
se faire couper les cheveux. Caxon, vos sujets
de consolation sont aussi mal choisis qu'ils sont
étrangers à l'occasion présente. *Quid mihi cum
fœmind ?* Qu'ai-je affaire avec vos femmes ?
n'ai-je pas assez des miennes. Je vous demande
encore une fois : croyez-vous que ces pauvres
gens s'attendent à me voir assister aux funérailles de leur fils.

— Sans doute, votre honneur y est attendu.
Vous savez que dans ce pays tout gentilhom
me est assez civil pour accompagner le corp
jusqu'à la sortie de ses terres , mais vous n'irez
pas plus loin que le bout de la rue , on n'at
tend pas votre honneur pour suivre le corps
jusqu'au cimetière ; ce n'est ici qu'un convoi
de Kelso , un pas et demi au-delà du seuil de
la porte.

— Un convoi de Kelso ! et pourquoi un convoi de Kelso plutôt qu'un autre ?

— Mon cher monsieur, comment puis-je le savoir, puisque ce n'est qu'un proverbe ?

— Vous n'êtes qu'un pauvre perruquier, Caxon. Si j'avais demandé cela à Olchitree, il aurait eu une légende toute prête.

— Je n'ai affaire, répliqua Caxon d'un ton plus vif qu'à l'ordinaire, qu'avec l'extérieur de la tête de votre honneur, comme vous me le dites si souvent.

— C'est la vérité, Caxon, c'est la vérité ; il ne faut pas reprocher à un couvreur qu'il n'est pas tapissier.

Il prit alors son *memorandum* et écrivit : « Convoi de Kelso, un pas et demi au-delà de la porte. Pour savoir d'où vient ce proverbe, écrire au docteur Graysteel. » Vraiment j'approuve cette coutume des seigneurs d'accompagner le corps du paysan ; elle vient des temps anciens et paraît fondée sur le sentiment d'une assistance mutuelle entre le propriétaire du sol et celui qui le cultive. Je dois dire ici que le système féodal, comme aussi dans sa courtoisie pour les dames dans laquelle il allait au-delà des bornes, avait mitigé et adouci la sévérité des siècles classiques. Personne ,

Caxon ; n'a entendu dire qu'un spartiate assistât
aux funérailles d'un Ilote. Mais à quoi bon
parler de tout cela? où est mon neveu Hector?

— Il est dans le salon , monsieur ; avec
les dames.

— C'est bien ! je vais les y joindre.

— Maintenant , mon frère , dit miss Oldbuck, quand il entra dans le salon, il ne
faut pas vous alarmer.

— Mon cher oncle , dit miss Mac-Intyre.

— Qu'est-ce que tout ceci, dit Oldbuck
craignant d'apprendre quelque fâcheuse nouvelle , et examinant les dames qui le sup-
pliaient avec le même regard, que les soldats
d'une forteresse jetent sur la trompette qui en
les sommant de se rendre, semble leur dire
de se préparer à un assaut , que signifie cette
exhortation à la patience? Qu'est-ce enfin que
tout ceci ?

— Rien d'important , dit Hector qui le
bras en écharpe était assis à la table où le déjeûner était servi , je me déclare responsable
du dommage; comme pour le trouble que j'ai
occasionné , je n'ai que des remercîments à
vous offrir.

— Ne parlez pas de cela; que ce soit seulement une leçon pour vous , sans que cela vous

porte à la colère : *ira furor brevis* , Mais quel est ce nouveau désastre !

— Ma chienne, a malheureusement renversé....

— S'il plaît à Dieu, ce n'est pas mon urne lacrymatoire de Clochnaben ! interrompit Oldbuck.

— Je le crains bien, dit miss Mac-Intyre. C'était celle qui était sur le buffet. Le pauvre animal ne voulait prendre que le morceau de beurre frais.

— C'est à quoi, elle a réussi, je présume; car je n'en vois que du salé sur la table ; mais mon urne lacrymatoire, la pierre fondamentale sur laquelle je me fondais pour prouver à l'ignorant et opiniâtre Mac-Crib , que les Romains ont réellement passé dans les défilés de ces montagnes , et qu'ils y ont laissé des traces de leurs arts et de leurs armes, elle est détruite cette pièce précieuse , anéantie et réduite en fragments qu'on pourrait confondre avec ceux d'un pot à fleurs !

Hector, Hector, je t'aime encore;
Mais tu n'es plus mon officier.

— Il est vrai, mon oncle, que je ferais une

triste figure dans un régiment que vous lèveriez.

— Au moins, Hector, vous y paraitriez *expeditus*, *relictis impedimentis*, c'est-à-dire, sans embarras et sans bagage inutile. Vous ne pouvez concevoir combien cette bête me fatigue. Elle commet le vol avec effraction, car je l'ai entendue accuser de s'être introduite dans la cuisine après que les portes en avaient été fermées et d'y avoir mangé un gigot de mouton.

Si nos lecteurs se souviennent de la précaution qu'avait eue Jenny Rintherout de laisser les portes ouvertes quand elle se rendit à la cabane du pêcheur, ils acquitteront probablement la pauvre Junon de cette aggravation de crime, appelée par les jurisconsultes *claustrum fregit*, et qu'il ne faut pas confondre avec le simple vol.

— Je suis très-fâché, mon oncle, que Junon ait causé tant de désordre ; mais Jack Muirhead qui sait si bien dresser les chiens ; n'a jamais pu la discipliner, c'est sans doute ; parce qu'il y a peu de chiens qui aient autant voyagé qu'elle.

— Je serai très-satisfait qu'elle fit un voyage hors de mes domaines.

— Eh bien, s'il le faut, nous ferons re-

traite tous les deux , aujourd'hui ou demain ;
mais il me sera pénible d'être obligé de quitter
je frère de ma mère pour un misérable pot....

— O mon frère , mon frère , s'écria miss
Mac-Intyre, désespérée de l'entendre appliquer
une si méprisante épithète à l'urne antique.

— Comment voulez-vous que je l'appelle.
Nous nous servions de pots de même forme,
en Egypte pour rafraîchir l'eau , le vin et le
sorbet. J'en ai apporté deux et j'aurais pu en
apporter vingt.

— Quoi , dit l'antiquaire , pareille à celle
que votre chienne vient de briser ?

— Oui , mon oncle , semblable à cette jarre
de terre qui était sur le buffet. Elles sont dans
mon logement à Fairport. Nous nous en sommes servis pendant la traversée pour rafraîchir le vin , elles nous ont été très-utiles. Si
cependant elles peuvent vous être agréables ,
je serai charmé que vous les acceptiez.

— Sûrement , mon cher enfant , je serai
enchanté de les posséder. Chercher à m'instruire de la connexion des peuples par la si-
militude de leurs usages et des ustensiles dont
ils se servaient , a toujours été mon étude favorite , et tout ce qui peut éclairer de telles
connexions a beaucoup de prix à mes yeux.

— Eh

— Eh bien, mon oncle, je serai enchanté que vous les accéptiez ainsi que d'autres bagatelles de ce genre. Puis-je maintenant espérer que vous m'avez pardonné?

— Mon cher enfant, je n'ai à vous reprocher que de l'étourderie.

— Mais Junon, n'est-elle pas aussi étourdie, quoique celui qui l'a dressée m'ait assuré qu'elle n'avait aucun vice?

— Eh bien! j'accorde aussi à Junon un plein pardon, mais à condition que vous n'aurez comme elle aucun vice et qu'elle sera bannie des salons de Monkbarns.

— Maintenant, mon oncle, ajouta le jeune militaire, je serais honteux si en forme d'expiation, pour mes propres fautes et celles de ma chienne favorite, je ue pouvais rien vous offrir. J'espère donc que vous permettrez à un orphelin, votre neveu, à qui vous avez servi de père, de vous présenter une bagatelle qu'on m'a assuré être un objet digne de quelque curiosité, et que ma blessure m'a empêché de vous offrir plus tôt. Je l'ai reçu d'un savant français à qui j'avais rendu quelques services après l'affaire d'Aboukir.

Le capitaine mit un petit écrin dans les mains de son oncle, qui l'ayant ouvert y trouva une bague antique en or ornée d'une camée, travaillée avec beaucoup d'art, représentant la tête de Cléopatre. A cette vue, l'antiquaire resta en extase, puis serrant avec effusion la main de son neveu, il le remercia cent fois, et montra cette bague précieuse à sa sœur et à sa nièce. Cette dernière eût assez de tact pour l'admirer avec complaisance ; mais miss Grizelda, quoiqu'elle eût beaucoup d'affection pour son neveu, n'eut pas l'adresse de suivre cet exemple.

— C'est un assez joli bijou, dit elle à son frère qui parait bien avoir son prix ; mais je ne me permettrai pas de juger sa valeur, car vous savez que je ne me connais guère en ces sortes de choses.

— C'est tout Fairport qui parle par sa bouche, s'écria Oldbuck ; le mauvais esprit de cette ville, nous a tous infecté. Depuis deux jours le vent souffle comme un remora, au nord-ouest, je ne cesse d'en sentir la fumée. Soyez persuadé, mon cher Hector, que si je passais dans la grande rue de Fairport en montrant cette bague, je ne rencontrerais personne depuis le prévôt jusqu'au crieur de ville, qui s'interessât à son histoire. Mais si je portais une pièce de toile sous le bras, je ne ferais pas deux pas sans être accablé de questions sur sa finesse et son prix.

La preuve la plus incontestable du plaisir que lui causait cette bague, c'est que Junon qui avait conçu de la crainte pendant qu'il était en colère, reconnaissant par cet instinct admirable qu'ont les animaux de juger sur la physionomie, que celle de l'antiquaire n'exprimait plus la colère, se hasarda pendant qu'il parlait, enhardie par l'impunité, à flairer une rôtie destinée à M. Oldbuck, et puis, à la manger.

— Eh ! mais, dit l'antiquaire, où est ma rôtie. Ah, je vois le chemin qu'elle a pris. Type de la race femelle, je ne m'étonne pas qu'elles s'offensent de ton nom générique. En parlant ainsi il menaça du poing Junon qui se sauva hors de la salle. Enfin, ajouta-t-il, puisque d'après Homère, Jupiter dans l'empirée n'a jamais pu dompter Junon, et que Jack Muirhead, selon ce que nous dit Hector, n'a pas été plus heureux dans ce bas monde, il faut renoncer à la discipliner.

Ce reproche sans amertume fit comprendre au frère et à la sœur que Junon avait reçu un plein pardon de ses offenses réitérées, et tous se mirent gaîment à déjeûner.

. Après le déjeûner , l'antiquaire proposa à son neveu de l'accompagner aux funérailles du pêcheur , mais celui-ci objecta qu'il n'avait pas d'habit de deuil.

— Cela n'y fait rien , votre présence est tout ce qu'on demande. Je vous assure que vous y verrez des choses qui vous amuseront; non , ce n'est pas là le mot propre, qui vous intéresseront , voulais-je dire , à cause de la ressemblance que je vous ferai apercevoir entre les coutumes des anciens et celles encore en usage parmi le bas peuple dans ces tristes occasions.

— Que le ciel me soit en aide ! pensa Mac-Intyre , je ferai certainement quelque sottise ; et je perdrai tout le crédit que je viens de gagner par hasard.

Quand ils furent sortis , sa sœur lui jeta un regard suppliant pour lui recommander la circonspection, et le capitaine prit intérieurement le parti de s'observer avec soin pour ne pas contrarier son oncle soit par impatience soit par inattention; mais nos plus fermes résolutions , sont souvent obligées de céder à nos inclinations prédominantes. Notre antiquaire voulant donner toutes les explications nécessaires à ce sujet, commença dans cette intention une dissertation sur les rites funéraires des anciens Scandinaves. Il fut bientôt interrompu par son neveu, qui lui fit remarquer une grosse mouette qui voltigeait autour d'eux à la portée du fusil ; mais ayant reconnu sa faute, il s'en excusa de suite, et Oldbuck reprit le fil de sa discussion.

— Il y a des choses, mon cher Hector, que vous devriez ne pas ignorer et avec lesquelles même vous devriez être famillier ; car dans les étranges circonstances de la guerre présente, qui agite tous les coins de l'Europe, vous ne pouvez savoir où vous serez appelé à servir : si c'est dans la Norwège, par exemple, ou dans le Danemarck, ou enfin dans quelque partie que ce soit de l'ancienne Scanie ou Scandinavie, comme nous l'appelons ; ne vous sera-t-il pas agréable de connaître sur le bout du doigt, l'histoire et les antiquités de cette ancienne contrée, de cette *officina gentium*, la mère de l'Europe moderne, la pépinière de ces héros

. . . . Dont le bouillant courage
Souriait au trépas dans les champs du carnage.

Que vous vous sentiriez animer davantage, par exemple, si après une longue marche,

vous arriviez auprès d'un monument antique ;
ou si vous aviez dressé votre tente sur la
tombe d'un héros.

— Je crois que je préférerais la voir placée à peu de distance d'une basse cour abon-
dante en volaille.

— Hélas ! pouvez-vous parler ainsi ? Ah !
voilà pourquoi on ne voit plus les merveilles
de Crécy et d'Azincourt, puisque le respect
pour l'ancienne valeur est éteint dans le cœur
du soldat anglais.

— Non, mon oncle, vous vous trompez ;
et j'ose dire qu'Edouard et Henry et tant
d'autres héros pensaient à leur dîner avant
d'examiner la pierre d'un vieux tombeau.. Cependant je dois vous assurer que nous ne sommes pas insensibles à la gloire de nos ayeux.
J'ai passé souvent des soirées entières à entendre le vieux Rory Mac-Alpin chanter les
vers d'Ossian et les combats de Fingal et
Lamon Mor, et de Magnus et l'esprit de
Muirartach.

— Et pensez-vous, dit l'antiquaire en fron-
çant le sourcil, que les chansons de Mac-
Pherson soient réellement des ballades antiques, pauvre dupe !

— Si je le crois, et pourquoi ne le croirais-je pas, puisque je les ai entendues chanter depuis ma plus tendre enfance.

— Mais non pas les vers de l'Ossian anglais de Mac-Pherson, répliqua l'antiquaire le front silloné par la colère. J'espère, que vous n'êtes pas assez absurde pour le soutenir.

Mais Hector comme un véritable celte, soutint la tempête avec fermeté. Il s'imaginait que l'honneur de son pays et de sa langue nationale était lié à l'authenticité de ces poëmes populaires, il se serait battu, aurait sacrifié sa fortune et sa vie plutôt que de céder sur un seul point. En conséquence, il soutint avec opiniâtreté que Rory Mac-Alpin pouvait reciter ce livre d'un bout à l'autre ; et ce ne fut qu'après avoir subi un nouvel interrogatoire qu'il modifia une assertion si générale, en ajoutant que ce n'était que lorsque le whiskey ne lui manquait pas ou qu'il restait quelqu'un pour l'écouter.

— Certainement, dit l'antiquaire, cela ne durait pas long-temps.

— Nous avions nos devoirs à remplir et nous ne passions pas la nuit à l'écouter.

— Et vous rappelez-vous, maintenant, dit Oldbuck en serrant les dents avec force les unes contre les autres sans les ouvrir, comme

il avait coutume de le faire lorsqu'il était con-
tredit; vous rappelez-vous maintenant quelques-uns de ces vers que vous dîtes si beaux
et si sublimes ? vous qui êtes un juge si excellent en de semblables matières.

— Je ne prétends pas être si savant, mon oncle; mais vous n'êtes pas raisonnable de prendre de l'humeur contre moi, parce que j'ad-
mire plus les hauts faits des héros de mon
pays, que ces Harold, ces Harfager et ces
Haco que vous protégez.

— Mais, monsieur, ces Goths puissants et in-
vincibles sont vos ancêtres; les Celtes aux jambes nues qu'ils soumirent et qu'ils laissèrent
exister comme un peuple barbare dans les
crevasses de leurs rochers n'étaient que leurs
serfs, leurs *mancipia.*

La colère fit rougir Hector à son tour.
— Monsieur je comprends le terme de serf et
et de *mancipia*; mais je ne conçois pas que de
pareilles expressions puissent s'appliquer à des
montagnards écossais. Nul autre que le frère
de ma mère eût osé parler ainsi en ma présence; et je vous prie d'observer que je ne
considère pas comme généreuse, hospitalière
ni même décente, la manière dont vous traitez un hôte, votre parent. Mes ancêtres, M.
Oldbuck....

— Etaient des chefs nobles et vaillants, je
dois le dire ; mais je ne croyais pas vous faire
une si grande offense, en traitant un point
d'histoire si reculé, sujet sur lequel je suis
moi-même toujours calme et sans passion.
Mais vous êtes vif et emporté comme si vous
etiez à la fois Hector et Achille, et Agamem-
non par-dessus tout.

— Je suis bien fâché de m'être exprimé
si vivement, mon oncle ; surtout vis-à-vis de
vous qui avez tant de bonté et de générosité.
Mais mes ancêtres....

— Ne parlons plus d'eux ; mon intention
n'a pas été d'outrager leur mémoire.

— J'en suis très-satisfait, monsieur ; car
la maison de Mac-Intyre....

— La paix soit avec elle, sans en excepter
personne, dit l'antiquaire. Mais revenons à notre sujet. Vous ressouviendriez-vous de quelques morceaux de ces poëmes qui vous causaient tant de plaisir.

— Certes, pensa Mac-Intyre, il m'est bien
dur qu'il s'enthousiasme pour tout ce qui est
antique, et qu'il ne daigne pas accorder un
souvenir à ma famille.

Alors, il fit quelques efforts pour fouiller
dans sa mémoire, et il ajouta : — Je me rap-

pellerai bien encore quelques vers ; mais vous n'entendrez pas le gallique.

— Je me passerai volontiers de l'entendre ; mais ne pourriez-vous pas me donner une idée de ces vers dans notre langue.

— Je serai un pauvre traducteur , dit le capitaine , en répétant quelques mots bien garnis de terminaisons gutturales. Et après avoir hésité quelques momens, comme si la traduction s'était arrêtée dans son gosier , il allait commencer à réciter quelques fragments du célèbre Ossian , lorsque jetant un regard sur la plage, il s'écria : Mais que vois-je là bas.

— Un membre du troupeau de protée ; dit l'antiquaire , un *phoca*, ou un veau marin.

A ces mots, Mac-Intyre avec la vivacité d'un jeune chasseur, oubliant Ossian , son oncle et sa blessure , s'écrie : Je l'aurai ! je l'aurai. Il arrache vivement la canne des mains de son oncle au risque de le renverser par terre, et court à toutes jambes , se mettre entre l'animal et la mer , vers laquelle il se dirigeait rapidement , ayant déjà pris l'alarme.

Sancho, quand son maître interrompit son récit sur les combattants de Pentapolis , pour charger en guerriers un troupeau de moutons, ne fut pas plus confondu de surprise que ne

le fut Oldbuck à cette soudaine escapade de
son neveu.

— Le diable le possède, fut sa première exclamation. Aller chercher querelle à un animal
qui n'a jamais pensé à lui ! Puis élevant la voix,
il ajouta : Hector , mon neveu ! fou que vous
êtes ! laissez aller le *phoca* ! laissez le *phoca* se
retirer paisiblement ! je vous en préviens, ils
mordent comme des enragés. Il ne fait nulle
attention à ce que je lui dis. Bon ! le *phoca* a
le dessus. J'en suis charmé , répéta-t-il , quoique il fût réellement alarmé pour la sûreté de
son neveu.

Dans le fait , le phoque trouvant sa retraite
interceptée par le capitaine au pied léger , lui
tint tête courageusement et ayant reçu un
coup de bâton , sans essuyer beaucoup de
mal , il rida son front comme c'est la coutume
de ces animaux lorsqu'ils sont en furie , et
arrachant le bâton des mains de son adversaire , il le renversa lui-même en se retirant
vers la mer , mais sans lui faire éprouver aucun autre mal.

Mac-Intyre, un peu déconcerté de l'issue
de cet exploit, se releva justement à temps
pour recevoir les félicitations ironiques de son
oncle, sur son combat singulier digne d'être

transmis à la postérite par Ossian lui-même.
— Puisque, ajouta l'antiquaire, votre magnanime adversaire a pris la fuite du champ
de bataille, sinon avec des aîles d'aigle, du
moins avec la fierté d'un triomphateur et
il a emporté ma canne comme des *spolia
opima.*

Le capitaine dit pour s'excuser qu'un mon-
tagnard ne pouvait voir passer un daim, un
veau marin ou un saumon sans éprouver un
désir irrésistible de s'en emparer et qu'il avait
oublié qu'il portait un de ses bras en écharpe.
Ayant pris cette chûte pour prétexte, il se
hâta de retourner à Monkbarns pour échapper aux railleries de son oncle et à ses lamentations sur la perte de sa canne.

— Je l'avais coupée, disait-il, dans les
bois classiques d'Hawthorden, à une époque
ou je n'aurais pas cru ne jamais cesser d'être
garçon. Je ne l'aurais pas donnée pour un
océan de veaux marins. O Hector, Hector !
Celui dont tu portes le nom était né pour
être le défenseur de Troies, et toi pour être
la ruine de Monkbarns.

CHAPITRE X.

L'ANTIQUAIRE resté seul, hâta sa marche qui avait été retardée par ces différentes discussions et par la rencontre qui les avait terminées. Il arriva bientôt vis-à-vis de cinq à six chaumières à Mussel-Craig. La tristesse et le deuil semblait être venus s'y réunir à la misère et à la mal-propreté. Les barques avaient été mises à sec sur le rivage, et quoique ce fût dans la saison favorable et que la journée fût belle, on n'entendait plus les chants des pêcheurs et on ne voyait pas folâtrer les enfants autour de leurs mères, assises devant la porte et raccommodant les filets. Quelques voisins, dont les uns étaient vêtus d'anciens habits noirs, bien conservés, d'autres ayant leurs habits ordinaires, mais tous portant sur leurs visages l'expression d'une profonde affliction, entouraient la cabane de Muclebackit, et attendaient que le corps en sortit. Quand le laird de Monkbarns parut, ils ôtèrent leur bonnet avec un respect mélancolique; il leur rendit leur salut de la même manière.

L'intérieur de la cabane offrait un spectacle

que notre Wilkie (1) seul pourrait peindre, avec le naturel exquis qui caractérise ses productions enchanteresses.

Le corps était déposé dans un cercueil, placé sur le lit que le jeune et malheureux pêcheur avait occupé pendant qu'il vivait. A peu de distance était le père, dont le front ridé et les cheveux gris, annonçaient qu'il avait affronté bien des nuits orageuses et des jours non moins pleins de dangers. Il semblait rêver à la perte qu'il venait d'éprouver avec ce sentiment profond de douleur, qui est particulier aux caractères farouches et grossiers, et qui s'exhale par des mouvements de haine contre tout le monde, quand l'objet regretté n'y est plus. Il avait fait des efforts inouis pour sauver son fils; et il n'avait cédé qu'à la force, qu'on fut obligé d'employer pour l'empêcher de les renouveler, lorsqu'ils étaient prêt de mettre ses jours en péril sans sauver ceux de son fils. Toutes ces idées semblaient fermenter dans son esprit. Son regard se portait sur le cercueil comme sur un objet dont il ne pouvait supporter la vue et dont il ne pouvait arracher ses yeux. Ce n'étaient que par

_____

(1) Wilkie, peintre écossais.

des paroles brèves, brusques et presque dures,
qu'il répondait aux diverses questions qui lui
étaient adressées. Aucun membre de sa famille
n'avait osé lui dire un mot de consolation, ni
même se livrer devant lui à une douleur plain-
tive. Sa femme même, véritable virago, maîtresse absolue dans la maison dans toutes les
occasions ordinaires, était plongée dans un
morne silence, soit par sa propre douleur,
soit pour ne pas augmenter celle de son mari.
Comme il avait refusé toute nourriture depuis
son malheur, elle avait employé, n'osant lui
parler, un artifice inspiré pour sa tendresse ;
elle lui en fit présenter par son bien-aimé,
le plus jeune de ses enfans. Son premier mouvement fut de le repousser avec inquiétude,
le second de le prendre et de le passer affectueusement dans ses bras. — Vous serez
un brave garçon si vous vivez, Patie, lui dit-il,
mais vous ne serez pas, vous ne serez jamais ce
qu'il était pour moi. Il montait la barque avec
moi depuis l'âge de dix ans, et il n'y avait
pas son pareil pour tirer un filet d'ici à Bu-
chan-Ness. On dit qu'il faut se résigner ; j'es-
sayerai. Et depuis ce moment, il gardait le
silence, à moins qu'il ne fût forcé de répondre
à quelques questions. Telle était la situation
de ce père désolé.

. Dans un autre coin de la cabane, la mère
était assise, le visage couvert de son tablier ;
mais la nature de sa douleur était assez dé-
montrée par la manière dont elle se tordait
les mains et par l'agitation convulsive de son
sein que son tablier ne pouvait cacher. Deux
voisines, lui parlant à l'oreille, la fatiguaient
de tous les lieux communs de consolation en
usage dans de si tristes circonstances, et paraissaient plutôt s'efforcer d'étourdir son chagrin que de la consoler.

L'affliction des enfants étaient mêlée d'étonnement à la vue des préparatifs qu'ils voyaient
faire et surtout de l'abondance de pain de fro-
ment et de vin, que le moindre paysan ou
pêcheur sert à ceux qui viennent lui offrir
quelques consolations dans ces tristes occasions.
Ainsi le chagrin de la mort de leur frère était
presque changé en admiration de la splendeur de ses funérailles.

Mais la figure de la grand'mère était la plus
remarquable de ce groupe. Assise dans son
coin accoutumé, avec son air habituel d'apathie et paraissant ne prendre aucun intérêt à
tout ce qui l'entourait, elle semblait imiter
machinalement le mouvement d'une personne
qui file ; jetant de temps en temps un coup-

d'œil sur elle-même, elle paraissait surprise
de ce qu'on lui avait ôté sa quenouille et son
fuseau, et de ce qu'on lui avait mis une robe
noire, et elle semblait dans l'étonnement de
voir tant de personnes rassemblées. Cependant
son regard se portait quelquefois sur le cercueil, alors elle paraissait recouvrer l'usage
de ses sens et comprendre tout son malheur.
Ces divers sentimens de surprise, d'embarras
et de chagrin semblaient se succéder l'un à
l'autre sur ses traits impassibles; mais elle ne
proférait pas une seule parole qui pût faire
connaître quel effet produisait sur elle cette
scène de douleur : elle était dans cette assemblée de deuil comme le lien qui unissait ceux
qui habitaient encore ce monde avec celui qui
venait de le quitter; un être en qui la lumière
de la vie était déjà obscurcie par l'ombre de
la mort.

Quand Oldbuck, entra dans cette maison
de douleur, il fut reçu par une inclination de
tête, silencieuse et générale, et suivant la coutume d'Ecosse en pareille occasion, on lui présenta du vin, du pain et des liqueurs fortes....
Pendant qu'on offrait ces rafraîchissements,
Elspeth surprit toute la compagnie en fesant
signe à la personne qui les présentait de s'ap-

procher d'elle ; puis prenant une verre à la main , elle dit d'une voix tremblante : A votre santé , Messieurs , et puissions nous avoir souvent une fête semblable.

Tous frémirent à ce sinistre présage , et chacun se hâta de poser le verre sur la table , sans le porter à la bouche , avec un degré d'horreur qui ne surprendra point ceux qui connaissent combien en Ecosse et surtout dans de pareilles occasions le peuple est superstitieux. Mais à peine la vieille femme eut goûté la liqueur, qu'elle s'écria : — Qu'est-ce donc que ceci ? c'est du vin ! comment peut-il y avoir du vin dans la maison de mon fils ? Ah ! continua-t-elle avec un gémissement étouffé, j'en devine la malheureuse cause. Elle resta un moment droite, jeta sur le lit funèbre un regard de douleur et se laissant tomber peu à peu sur sa chaise, elle se couvrit les yeux et le front de ses mains pâles et sèches.

En ce moment, le ministre de la paroisse entra dans la cabane. M. Blattergowl, quoique bavard impitoyable , toutes les fois qu'il était question de dîmes et d'augmentation de droits ecclesiastiques dans l'assemblée générale, était un des plus dignes ministres presbytériens de la vieille Ecosse., aimant Dieu et les hommes. Nul pasteur n'était plus exact à visiter les malades et les affligés, à instruire la jeunesse, à éclairer les ignorants, et à ramener dans le chemin de la vertu ceux qui s'égaraient dans le sentier du vice. Aussi notre ami l'antiquaire malgré sa prolixité, et les préjugés de son esprit et de sa profession ; malgré une certaine habitude de mépriser ceux qui ne partageaient pas ses opinions en matière d'art et de goûts sur lesquels Blatter-gowl aimait à disserter dans l'espoir de se frayer une route à une chaire de réthorique ou de philosophie ; malgré toutes les précautions excitées par ces circonstances réunies ; M. Oldbuck avait beaucoup d'estime et témoignait beaucoup d'égards, à ce digne ministre, quoiqu'il fut assez rare, pas même à cause du respect humain, ni en cédant aux remontrances de ses dames, qu'il se décidât à l'entendre prêcher ; mais aussi il ne se serait pas permis de s'absenter quand M. Blattergowl venait dîner à Monkbarns ; invitation qui avait lieu tous les dimanches, manière de lui témoigner son estime que notre antiquaire avait jugé plus agréable au ministre comme plus conforme à ses propres habitudes.

Pour mettre fin à une digression dont l'unique but était de faire faire la connaissance de cet honnête ecclésiastique à nos lecteurs, M. Blattergowl, ne fut pas plutôt entré dans la cabane, qu'après avoir reçu le salut silencieux et mélancolique de toute la compagnie, il alla se placer près du malheureux père pour lui adresser quelques paroles de condoléance et de consolation. Mais le pêcheur y parut insensible. Il le salua cependant d'un air sombre, lui prit la main comme pour reconnaître ses bonnes intentions ; mais il n'eut ni la volonté ni la force de lui répondre autrement.

Le ministre vint ensuite auprès de la mère, traversant la chambre silencieusement et d'un pas mesuré, comme s'il avait craint que le plancher semblable à une glace peu épaisse ne rompût sous ses pieds, ou que le bruit de ses pas ne réveillât quelque mauvais génie qui pour se venger de ce qu'on avait troublé son sommeil, eût précipité la cabane et tout ce qu'elle contenait dans un abyme profond. On ne pouvait juger de ce qu'il disait à la pauvre femme que par les réponses qu'il obtenait d'elle, et qu'on n'entendait qu'à moitié, à cause des soupirs entrecoupés de sanglots qu'elle ne pouvait retenir et du tablier dont elle se couvrait le visage. — Oui, monsieur, oui... vous êtes bien bon... sans doute, c'est notre devoir de nous soumettre aux ordres de la providence..t Mais mon cher enfant... mon pauvre Steenie... l'orgueil de mon cœur ! qui était si beau et si bien fait !... le soutien de sa famille ! notre consolation ! que tout le monde voyait avec plaisir ! O mon fils ! mon fils ! pourquoi faut-il que tu sois là ; et que je reste pour te pleurer !

On ne pouvait résister à cet élan si naturel de chagrin et de tendresse maternelle. Oldbuck ouvrit plusieurs fois sa tabatière, pour cacher les larmes qui s'échappaient de ses yeux en pit de son caractère caustique. Les femmes sanglottaient et les hommes se couvraient la figure de leurs bonnets et se parlaient bas entr'eux.

Le ministre voulut aussi adresser quelques paroles de consolation à la vieille grand'mère. D'abord elle écouta ou sembla écouter ce qu'il disait avec l'apathie qui lui était naturelle. Mais l'ecclésiastique lui parlant avec plus d'onction et de véhémence, s'étant approché d'elle et ayant davantage élevé la voix, ses paroles devinrent intelligibles pour elle, sa physionomie s'anima tout-à-coup de cette expression

qui la caractérisait dans ses intervalles d'intelligence. Elle se leva, secoua la tête d'une manière qui annonçait sinon le mépris, du moins
l'impatience, leva la main et fit un geste qui
indiquait clairement le peu de cas qu'elle fesait de ces charitables consolations. Le ministre se retira en élevant les mains. Il parut être
pénétré à la fois de compassion, de chagrin
et d'étonnement de l'état déplorable de cette
malheureuse femme. Un léger murmure qui
s'éleva au milieu de la compagnie annonça
l'impression que cette scène avait produite sur
les esprits et que tous partageaient le sentiment du ministre.

Cependant la compagnie s'étant trouvée trouvée
complète par l'arrivée de deux personnes que
l'on attendait de Fairport. On fit encore un
échange de salutations silencieuses, et le vin et
l'eau-de-vie furent offerts. La grand-mère prit
encore une fois un verre dans ses mains, le
vida, et dit avec une espèce de rire farouche:
Ah, ah ! j'ai goûté deux fois du vin dans ma
maison en un même jour ! quant est-ce que
que j'en ai fait autant ? c'est lorsque la...

Elle n'acheva point. Son verre s'échappa de
ses mains tremblantes : elle se laissa retomber
sur sa chaise, et cet enthousiasme passager ne
parut plus animer ses traits impassibles.

Lorsque la surprise générale se fut calmée,
M. Oldbuck dont le cœur saignait en considérant ce combat entre le chagrin, un reste d'intelligence et le fardeau des années, observa au
ministre qu'il était temps de procéder à la
dernière cérémonie. Le père était incapable
de donner un ordre ; mais le plus proche
parent de la famille fit signe au menuisier de
commencer sa tâche pénible. Le bruit du
marteau aunonça qu'on clouait la demeure de
la mort, et que les restes du jeune pêcheur
allaient pour toujours être séparés des vivants.
Cette terrible séparation produit ordinairement quelque effet sur les cœurs les plus durs
et les plus indifférents.

Poussés par un esprit de contradiction, qu'on
nous pardonnera de considérer comme une
petitesse d'esprit, les pères de l'église d'Ecosse,
rejetèrent même dans cette occasion solen-
nelle, les prières à la divinité, de peur qu'on
ne les accusât de se conformer aux rites des
Eglises romaine ou anglicane. Avec des opinions plus saines, les ministres écossais, sui-
vent aujourd'hui une coutume plus louable et
saisisent une aussi triste occasion pour offrir
au ciel une prière propitiatrice aux morts, et
pour adresser aux vivants une exortation pa-

thétique qui doit leur faire d'autant plus
d'impression, qu'ils sout en présence d'un de
leurs semblables qui, hier se trouvait comme eux, et qu'ils voient maintenant comme ils
peuvent être demain; mais cette pratique vé-
ritablement religieuse, n'était pas encore adop-
tée dans le temps dont nous parlons, ou du
moins M. Blattergowl ne crut pas devoir s'y
conformer, et l'on procéda à la cérémonie
sans aucun exercice extérieur de dévotion.

Le cercueil couvert du drap funéraire était
porté par les plus proches parents; l'on n'attendait plus que le père qui suivant la coutume devait en soutenir la tête. Deux ou trois
de ses plus proches parents l'appelèrent;
mais il n'en obtinrent aucune réponse, il fit
seulement un signe de la tête et de la main,
pour montrer qu'il ne pouvait se résoudre à
un tel effort. Considérant cet acte comme un
devoir de la part du vivant, et qu'un pareil
refus semblait un outrage à la mémoire du
défunt, ils l'auraient forcé de se conformer
à ce triste usage; quand M. Oldbuck s'inter-
posant entre ce père infortuné et ses trop
exigeants parents et amis, déclara que comme
seigneur et maître du jeune pêcheur il entendait porter la tête du cercueil. Malgré le chagrin

grin qui accablaient tous les assistants, ils
furent si satisfaits de cette marque de distinction de la part du laird que la vieille Alison
Breck, qui était présente s'écria : que jamais
son honneur Monkbarns ne manquerait d'huî-
tres tant que durerait la saison (car elle savait que notre antiquaire en était amateur),
quand il faudrait les aller pêcher par le plus
mauvais vent qui eût jamais soufflé. Et tel est'
le caractère du peuple en Ecosse que M. Oldbuck gagna plus de popularité par ce moment
de condescendance, que par l'argent qu'il
fesait distribuer toutes les années parmi les
pauvres de sa paroisse.

Le cortège funéraire s'avança précédé de
deux bedeaux avec leurs longs bâtons, miséra-
bles vieillards chancelants sur le tombeau vers
lequel ils conduisaient un de leurs semblables.
Ils portaient, comme c'est la coutume en Ecosse,
des vieux habits noirs et des crêpes fanés.
Monkbarns se serait peut-être opposé à cette
dépense inutile, si on l'avait consulté ; mais
en agissant ainsi, il aurait plus perdu dans
l'esprit de ces bonnes gens, que ce qu'il avait
gagné en fesant l'office de chef du deuil. Il ne
l'ignorait pas, aussi se garda-t-il bien de donner un avis qu'on n'aurait pas suivi. Dans le

fait , les paysans écossais mettent beaucoup
d'ostentation dans leurs cérémonies funéraires : les grands même y déployaient un
luxe si outré que le parlement fut obligé de
faire une loi pour les restreindre. J'ai connu
des gens qui se sont refusé non seulement les
douceurs mais même les nécessités de la vie,
pour laisser une somme d'argent assez considérable pour qu'ils fussent enterrés comme
des chrétiens , à ce qu'ils disaient , et leurs
fidèles exécuteurs testamentaires , quoiqu'ils
fussent dans le besoin, ne se seraient pas permis
d'employer à l'usage des vivants , cette somme
destinée inutilement à l'enterrement du mort.

Le cortège arriva au cimetière qui n'était
éloigné que d'un demi mille , avec la superbe
solennité d'usage en de pareilles circonstances. Le corps fut confié à sa mère , la terre ,
et quand les fossoyeurs eurent rempli la fosse
et l'eurent recouverte de gazon frais. M. Oldbuck leva son chapeau , salua les assistants qui
gardaient un morne silence , et ce triste adieu
dispersa l'assemblée.

Le ministre offrit à l'antiquaire de l'accompagner chez lui; mais M. Oldbuck encore
ému de compassion pour cette famille affligée
et poussé par cette curiosité qui nous fait

désirer de voir ce qui nous fait le plus de
peine, retourna solitairement le long de la
côte pour faire encore une visite à la cabane
du pêcheur.

CHAPITRE XI.

Le cercueil venait d'être enlevé de dessus le
lit ; et ceux qui suivaient le deuil, sortaient
de la cabane en prenant dans ce cortège funèbre le rang que leur assignait leur degré de
parenté avec le défunt, quelques-uns conduisaient par la main ses jeunes frères étonnés
d'une cérémonie qu'ils ne comprenaient pas.
Les femmes se levèrent aussi, pour se retirer,
emmenérent leurs filles pour laisser aux parents désolés le temps de s'ouvrir leur cœur
et de soulager leur douleur en s'entretenant
de ce qui la causait. Mais leurs bonnes intentions ne produisirent pas l'effet qu'elles en attendaient, car comme la dernière après avoir
franchi le seuil de la porte, la fermait aussi
doucement qu'il lui était possible, le père
après avoir jeté un regard rapide pour s'assurer qu'il ne restait aucun étranger, jeta un
cri de désespoir qu'il avait retenu jusqu'alors,

et se précipitant sur le lit qui avait reçu le
cercueil avec les transports de la plus vive affliction, il se roula dessus, mit sa tête entre les
couvertures et se livra à toute l'amertume de
sa douleur. Ce fut en vain que l'infortunée
mère, effrayée de la violence du chagrin de
son mari , chagrin bien plus terrible quand il
attaque un homme de mœurs rudes et d'une
grande force de corps , cessa de pleurer , et
le tirant par les pans de son habit , elle le
supplia de se lever et de se rappeler que s'il
avait perdu un fils , il lui restait encore une
femme et des enfants dont il était le soutien et
la consolation. Cet appel à sa sensibilité était
fait trop tôt , aussi resta-t-il sans effet , il
resta étendu sur le lit , poussant des gémissements si douloureux , s'agitant d'une manière
si terrible , que le lit et la cloison contre laquelle il était appuyé en étaient ébranlés , et
l'on voyait par la convulsion de ses membres
en serrant ses couvertures combien est profonde et inconsolable la douleur d'un père
qui a perdu son fils.

— Ah quelle journée ! quelle journée ! s'é-
criait la pauvre mère dont les larmes s'étaient
taries en voyant son mari dans cet état déplorable , ah quelle journée ! et personne ici

pour aider une pauvre femme toute seule !
oh ! ma bonne mère ! si vous pouviez lui parler pour l'engager à se calmer.

A son grand étonnement et en lui inspirant
même une certaine frayeur , la mère de son
mari entendit et comprit cet appel ; elle se
leva, traversa la chambre sans être soutenue ,
sans montrer la plus légère apparence de faiblesse , et se tenant debout devant le lit où
son fils était étendu, elle lui dit : Levez-vous,
mon fils, et ne pleurez pas sur celui qui est à
l'abri de la tentation et du péché , pleurez sur
ceux qui sont encore dans cette vallée de larmes et de ténèbres. Moi qui ne peux plus
pleurer, j'ai besoin que vous pleuriez sur moi.

La voix de sa mère qu'il n'avait pas entendue depuis long-temps pour prendre part aux
devoirs de la vie ou pour donner des avis et
des consolations produisit un effet salutaire
sur son fils, il s'assit sur le bord du lit, et à
l'égarement du désespoir succéda l'abbatte-
ment d'un profond chagrin. La vieille ayeule
se retira lentement pour reprendre sa première position sur sa chaise ; Maggie prit machinalement une bible comme si avec ses yeux
noyés de larmes , elle pouvait s'occuper à
lire. Telle était la position de cette famille

affligée quand on entendit frapper à la porte.

— Grand Dieu, dit la pauvre mère, qui peut frapper ? c'est sans doute quelqu'un qui ne connaît pas notre malheur.

On frappa une seconde fois. Elle se leva et dit d'un ton de reproche en ouvrant la porte: Qui peut venir troubler une famille dans l'affliction.

Un grand homme vêtu d'un habit noir parut devant elle : elle reconnut le lord Glenallan.

— N'est-ce pas ici que demeure une vieille femme nommée Elspeth qui a habité long-temps Craigburnfoot, près de Glenallan.

— C'est ma belle-mère, dit Marguerite, elle ne peut voir personne maintenant. Hélas ! nous avons éprouvé un bien grand malheur.

— A Dieu ne plaise que je trouble votre chagrin pour un léger motif ; mais mes jours sont comptés ; votre mère est d'un âge fort avancé, et si je ne la vois pas aujourd'hui, il ne me reste que peu d'espoir de la voir encore dans cette vie.

— Et quel besoin avez-vous de voir une vieille accablée d'années et dont le cœur est brisé par le chagrin ? Paysan ou gentilhomme, personne ne dépassera le seuil de ma porte le jour où mon fils en est sorti dans un cercueil,

En parlant de la sorte , elle s'abandonnait
à l'irritabilité naturelle de son caractère et de
sa profession qui commençait à se mêler à son
chagrin, maintenant que la première explosion de sa douleur avait eu son effet. Elle se
tenait à la porte , la tenant à moitié fermée
comme pour en interdire l'entrée au jour :
lorsqu'elle entendit la voix de son mari qui
criait : Maggie , laissez entrer , pourquoi ne
voulez-vous pas le permettre? Je ne donnerai
pas le bout d'une vieille corde pour empêcher
d'entrer ou de sortir quelqu'un de cette
maison.

La femme obéit et laissa entrer le lord
Glenallan. Les traces que le chagrin avait lais-
sées sur son corps débile contrastaient avec les
traits rudes et hâlés du pêcheur et avec la
figure masculine de sa femme. Le comte s'approcha de la vieille qui était assise à sa place
habituelle, et il dit d'une voix aussi intelligible qu'il le put : Êtes-vous Elspeth de Craigburnfoot de Glenallan.

— Qui est-ce qui s'informe de la demeure
d'une méchante femme ? répondit-elle.

— Le malheureux comte de Glenallan.

— Le comte , le comte de Glenallan !

— Celui que l'on appelait William lord

Géraldin , et qui depuis la mort de sa mère a pris le titre de comte de Glenallan.

— Ouvrez le volet , dit la vieille femme à sa belle fille , avec fermeté , ouvrez le volet afin que je puisse voir si c'est vraiment lord Géraldin , le fils de ma maîtresse , celui que que j'ai reçu dans mes bras après qu'il fut né et qui aurait raison de me reprocher de ne l'avoir pas étouffé avant qu'une autre heure se fût passée.

La fenêtre , qui avait été fermée pour qu'une demi obscurité ajoutât quelque chose de plus triste à la solennité des funérailles , fut ouverte à son commandement et une clarté soudaine traversa l'atmosphère enfumé de la cabane. Pareil à ceux que Rembrand a peint avec tant de vérité , un rayon de vive lumière éclaira les traits du malheureux lord et ceux de la vieille Sybille qui , droite devant le comte dont elle avait saisi une des mains , le regardait avec inquiétude en tenant son index long et desséché à peu de distance de son visage , semblait le promener tour à tour sur tous ses traits comme pour en suivre les contours et les comparer dans sa mémoire avec ceux du jeune lord Géraldin. Quand elle eut terminé son examen , elle s'écria avec un pro-

fond soupir : Quel changement ! quel changement ! et à qui en est la faute ? Mais cela est
écrit là où le souvenir doit en rester ; c'est
écrit avec une plume d'acier sur des tables
d'airain où tout ce que fait la chair est écrit.

— Et lord Géraldin , demanda-t-elle après
un moment de silence , que désire-t-il d'une
pauvre vieille créature comme moi qui est
déjà morte , et qui n'appartient encore aux
êtres vivants que parce qu'elle n'est pas dans
la terre ?

— Au nom du ciel , répondit lord Glenallan , pourquoi m'avez-vous fait prier d'une
manière si pressante de venir ? Pourquoi m'a-
vez-vous envoyé un gage auquel vous saviez
bien que je ne pouvais rien refuser ?

En parlant ainsi , il tira de sa bourse l'anneau qu'Edie Ochiltree lui avait remis au château de Glenallan. Cette vue produisit un effet
étrange et instantané sur la vieille femme. Le
tremblement de la crainte se joignit à celui de
la vieillesse , et elle se mit à fouiller dans ses
poches avec l'agitation de quelqu'un qui craint
d'avoir perdu quelque chose de grande importance ; ensuite comme si elle était convain-
cue de la réalité de ses craintes, elle se tourna
vers le comte et lui demanda : — Comment

est-elle tombée entre vos mains ? Je croyais l'avoir gardée avec tant de soin ! que va dire la comtesse ?

— Vous savez, dit le comte, au moins vous devez avoir appris que ma mère est morte !

— Morte ? ne m'en imposez-vous pas ? Elle a donc enfin quitté tout, ses terres, ses titres et son rang ?

— Tout, dit le comte, toutes les vanités que les mortels doivent quitter.

— Je me le rappelle maintenant ! dit Elspeth, je l'ai déjà appris, mais il y a eu tant de malheurs dans notre maison, et ma mémoire est si mauvaise ! Mais vous êtes sûr que madame la comtesse votre mère est morte ?

Le comte l'assura de nouveau que son ancienne maîtresse n'existait plus.

— Il faut donc que je me débarrasse du fardeau qui pèse sur mon cœur. Pendant sa vie, qui aurait osé parler de ce qu'elle ne voulait pas qu'on sût ? mais elle est partie, et j'avouerai tout.

Alors se tournant vers son fils et sa belle-fille, il leur ordonna d'un ton d'autorité dé sortir de la maison, et de laisser lord Géraldiu (car elle l'appelait encore ainsi) seul avec

elle. Mais Maggie Mucklcbackit , après que
les premiers accès de sa douleur furent passés , n'était rien moins que disposée à obéir
dans sa propre maison aux ordres de sa belle-
mère : titre qui dispose rarement une bru à
la soumission ; elle semblait même étonnée
d'une autorité qu'elle n'exerçait plus depuis si
long-temps.

— C'est une chose bien étrange , dit-elle
en murmurant ; car elle n'osait pas élever la
voix en présence de lord Glenallan dont le
rang lui en imposait, c'est une chose bien
étrange que d'ordonner à une mère de sortir
de sa propre maison , avec les larmes aux
yeux ; au moment où l'on vient d'en sortir le
corps de son fils aîné pour le porter au tombeau.

Le pêcheur dit aussi d'un air sombre : — Ce
n'est pas un jour fait pour raconter vos vieilles
histoires, ma mère. Milord, si c'est un lord ,
peut revenir un autre jour, ou il peut dire
tout haut ce qu'il a à dire ; nous avons bien
autre chose en tête que de penser à l'écouter;
mais ni pour lord ni pour paysan , ni pour
riche ni pour pauvre , je ne quitterai ma maison le jour où....

La voix lui manqua, il ne put achever ,

mais comme il s'était levé lorsque le comte de Glenallan était entré, et qu'il était resté debout, il s'assit d'un air d'humeur, et demeura dans la posture d'un homme déterminé à tenir sa parole.

Mais la vieille femme à qui cette crise semblait rendre cette supériorité d'esprit dont elle avait joui autrefois à un degré éminent, se leva, et s'avançant vers lui, elle lui dit avec un accent solennel : — Mon fils, si vous ne voulez pas entendre les crimes de votre mère, si vous ne voulez pas être témoin de sa honte, si vous voulez mériter sa bénédiction, si vous craignez sa malédiction, je vous ordonne, par le sein qui vous a porté, et les mamelles qui vous ont nourri, de me laisser dire librement à lord Géraldin, ce que nulle oreille mortelle ne doit entendre excepté la sienne. Obéissez à mes paroles, pour que lorsque vous jetterez de la terre sur ma tête (et plût-à-Dieu que ce jour fût déjà venu !) vous puissiez vous souvenir de ce moment, sans vous reprocher d'avoir désobéi aux derniers ordres que votre mère vous a donnés sur la terre.

Les paroles et le ton de cet ordre solennel firent revivre dans le cœur du pêcheur, cette habitude d'obéissance dans laquelle sa mère l'avait l'avait élevé , et à laquelle il s'était soumis tant qu'elle avait eu le pouvoir d'exercer son autorité. Ce souvenir fut aidé de sa douleur présente ; car , jetant un coup-d'œil sur le lit d'où on venait d'enlever le corps de son fils , il murmura en lui-même : — Il ne m'a jamais désobéi , soit que j'eusses raison , soit que j'eusses tort , pourquoi n'obéirais-je pas à ma mère ? Entraînant alors un peu malgré elle son épouse par le bras , il la conduisit hors de la cabane et en ferma la porte derrière lui.

Lorsqu'ils furent sortis, lord Glenallan , pour empêcher la vieille femme de retomber dans sa léthargie, la pressa de nouveau de lui apprendre ce qu'elle avait à lui communiquer.

— Vous le saurez assez tôt, répondit-elle , mes idées sont distinctes maintenant , et je ne crois pas que je puisse oublier ce que j'ai à dire. Ma chaumière de Craigburnfoot est présente à ma mémoire, comme si elle était devant mes yeux ; la prairie que traverse le ruisseau en se jetant dans la mer ; les deux petites barques avec leurs voiles déployées dans la baie qu'il forme ; le rocher qui communique avec le parc de Glenallan , et qui est suspendu sur la mer... Ah ! oui , je puis oublier que j'avais un mari et que je l'ai perdu , qu'il

ne me reste qu'un seul de mes quatre fils ;
que des malheurs successifs ont dévoré ma
fortune mal acquise ; qu'on a emporté ce matin de la maison le cadavre de l'aîné de mes
petits-fils ; mais je n'oublierai jamais les jours
que j'ai passés à Craigburnfoot.

— Vous étiez la favorite de ma mère, dit
lord Glenallan, qui désirait la ramener au
point d'où elle s'écartait.

— Oui, je l'étais ; vous n'avez pas besoin
de me le rappeler. Elle m'a élevé au-dessus
de mon état, et m'a donné plus de connaissances qu'à mes pareilles mais, comme l'ancien tentateur, avec la connaissance du bien,
elle me donna la connaissance du mal.

— Au nom du ciel, Elspeth, dit le comte
étonné, dévoilez si vous le pouvez, les af-
freux secrets que vous me faites entrevoir. Je
sais que vous avez reçu la confidence d'un
mystère terrible qui ferait écrouler ces murs,
s'ils l'entendaient ; mais expliquez-vous.

— Je vais le faire, dit-elle, un moment de
patience ; et elle parut retomber dans sa
rêverie, mais non plus avec cet air d'imbécil-
lité ou d'apathie. Elle se mit à parler du secret qui pesait sur son cœur, et qui occupait
sans doute souvent son ame ; lorsqu'elle semblait morte à tout ce qui l'environnait. Je puis

ajouter comme un fait remarquable , que l'é-
nergie de son esprit eut un tel effet sur ses forces physiques et sur le système nerveux , que ,
malgré sa surdité , elle entendit distinctement
chaque mot que proféra lord Glenallan pendant cette conférence , quoique ce ne fussent
souvent que des exclamations arrachées par
l'horreur et le désespoir. Elle parlait avec une
clarté , une netteté , une lenteur qui prouvait
le désir qu'elle avait d'être distinctement com-
prises , et sans se livrer à ce verbiage ordinaire
aux femmes de sa condition. En un mot son
élocution annonçait une éducation au-dessus
de son rang , et un de ces caractères fermes
et résolus , de qui on peut attendre de grandes vertus ou de grands crimes. Sa révélation
est contenue dans le chapitre suivant.

CHAPITRE XII.

—Je n'ai pas besoin de vous dire ; dit la
vieille femme en s'adressant au comte de Glenallan, que j'étais la femme-de-chambre favorite et la confidente de votre mère , à qui
Dieu fasse paix ! (elle fit le signe de la croix)
et vous ne devez pas avoir oublié que j'ai joui
de son amitié pendant maintes années. J'y ré-

pondais par l'attachement le plus sincère, mais je tombai dans sa disgrace pour une légère désobéissance, dont elle fut instruite par une personne qui crut, non sans motifs, que j'espionnais ses actions et les vôtres.

— Ne nommez pas cette personne devant moi, je vous l'ordonne, femme ! dit le comte d'une voix émue.

— *Il le faut*, pour que vous me compreniez, répondit Elspeth d'une voix ferme et calme.

Le comte s'appuyant sur sa chaise comme pour y chercher un soutien, enfonça son chapeau sur ses yeux, serra les dents comme un homme qui se prépare à subir une opération douloureuse et lui fit signe de parler.

— Je vous disais que c'était miss Eveline Neville, fille d'un cousin germain et intime ami de feu votre père, et qui était élevée au château de Glenallan, qui fut la cause de ma disgrace. Son histoire était mystérieuse ; mais qui aurait fait dire à la comtesse ce qu'elle ne voulait pas dire ? Tout le monde l'aimait au château, tout le monde excepté deux personnes, votre mère et moi ; car nous la détestions toutes deux.

— Grand Dieu ! et pour quelle raison ? jamais dans ce monde on n'avait vu une créature si douce, si aimable et si intéressante.

— Cela peut-être comme vous le dites. Mais votre mère haïssait toute la famille de votre père, excepté lui ; et cela à cause de quelques dissentions qui avaient eu lieu peu de temps après leur mariage ; les particularités n'ont aucun rapport avec ce dont il s'agit aujourd'hui. Mais sa haine pour miss Eveline Neville fut à son comble, lorsqu'elle s'aperçut qu'un attachement naissait entr'elle et vous. Vous pouvez vous rappeler que la comtesse se borna d'abord à lui montrer de la froideur ; mais bientôt sa haine éclata avec violence, et miss Eveline fut obligée de se réfugier au château de Knockwinnock auprès de l'épouse de sir Arthur, qui vivait encore.

— Vous me déchirez le cœur en me rappelant ces particularités ; mais continuez : puissent les peines que j'éprouve expier un crime involontaire.

— Miss Eveline n'était plus au château de Glenallan depuis quelques mois, lorsque, un soir j'attendais dans ma chaumière que mon mari revînt de la pêche, et je versais des larmes amères sur ma disgrace. La porte s'ouvrit et je vis entrer dans ma demeure la comtesse votre mère. Je crus voir un spectre, car, au plus haut degré de ma faveur, c'était un honneur qu'elle ne m'avait jamais fait ;

elle était aussi pâle que si elle fût sortie du
tombeau. Elle s'assit et essuya les gouttes de
rosée qui couvraient ses habits et ses cheveux.
Je ne vous rappelle ces petites circonstances
que pour vous prouver combien cette nuit est
encore présente à ma mémoire. Je fus surprise de la voir , et je n'osai d'abord lui parler , comme si j'eusses craint que ce ne fût
qu'un fantôme ; non , milord , je n'osai pas
lui parler , moi qui ai vu sans frémir des spec-
tacles bien plus terribles. Après un moment
de silence , elle me dit : « Elspeth Cheyne
(elle me donnait toujours mon nom de fille)
n'êtes-vous pas la fille de ce Réginald Cheyne ,
qui mourut pour sauver son maître lord Glenallan , sur le champ de bataille de Sheriff-
muir ? » Je répondis aussi fièrement qu'elle :
« Aussi sûr que vous êtes la fille de ce comte
de Glenallan que mon père sauva par sa
mort. »

Elspeth cessa de parler.

— Et que s'ensuivit-il ? parlez , parlez ,
je vous l'ordonne.

— Je ferais peu de cas des ordres humains ,
si une voix d'en haut ne m'avait pas parlé ,
pendant la veille ou pendant le sommeil, pour
me forcer à dévoiler cette épouvantable histoire. La comtesse me dit : « Mon fils aime

Eveline Neville , ils sont fiancés ; s'ils ont un
fils , mes droits sur Glenallan sont anéantis ;
je tombe du rang d'une comtesse dans la misérable condition d'une douairière. Moi qui ai
apporté à mon mari des terres et des vassaux ,
un sang illustre et une antique renommée, je
dois cesser d'être la maîtresse lorsque mon
fils aura un héritier mâle. Mais ce n'est pas
ce qui m'importe le plus : s'il n'avait pas
épousé une de ces Neville que je déteste, j'aurais pris patience ; mais que les droits et les
honneurs de mes ancêtres passent à eux et à
leurs descendants , c'est ce qui déchire mon
cœur. Et cette fille... je l'abhore. » Je lui répondis que ma haine égalait la sienne.

— Monstre ! s'écria le comte , quoiqu'il
eût pris la résolution de garder le silence ;
femme abominable ! Quel motif aviez-vous de
haïr un être si doux et si aimable ?

— Je la haïssais , parce que ma maîtresse
la haïssait , comme c'était la coutume parmi
les vassaux de la maison de Glenallan ; car
quoique je me sois mariée au-dessous de ma
condition , milord , jamais un de vos ayeux
ne s'est rendu sur le champ de bataille sans
qu'un des ancêtres de la femme décrépite et
misérable , qui vous parle , ait porté son bou-
clier. Mais ce n'était pas tout ; je haïssais miss

Eveline Neville pour elle-même ; je l'avais
amenée d'Angleterre , et pendant tout le voyage , elle s'était moquée de mon costume et
de mon langage ; oui , elle m'a méprisée ; mais
que ceux qui méprisent la tartane de l'écossais redoutent son poignard !

Elle prononça ces mots avec un ressentiment qui paraîtra étrange , si l'on considère
qu'il était produit par une offense si légère et
si éloignée. Puis elle continua : Je ne nie pas
que je la haïssais plus qu'elle ne méritait. Ma
maîtresse me dit : « Elspeth Cheyne , mon
fils épousera cette maudite anglaise ; si nous
étions encore aux siècles d'autrefois, j'aurais
jeté l'une dans les cachots de Glenallan , et
l'autre dans la tour de Strathbonnel. Mais ces
temps sont passés ; et l'autorité que les seigneurs peuvent exercer est déléguée à de misé-
rables hommes de loi. Ecoutez-moi , Elspeth
Cheyne , si vous êtes la fille de votre père
comme je suis celle du mien , je trouverai le
moyen de les empêcher de se marier. Elle se
rend souvent sur ce rocher qui domine la
mer pour voir le bateau de son amant, (vous
pouvez vous rappeler , milord , que vous ai-
miez à vous promener sur l'eau) eh bien, qu'il
la trouve quarante pieds plus bas qu'il ne s'y
attend ! » Oui ! vous pouvez froncer le sourcil

et vous tordre les mains ; mais , aussi sûr que
je dois voir face à face le seul être que j'aie
jamais craint , et puissé-je l'avoir craint davantage , ce sont les paroles de votre mère ;
à quoi me servirait de vous mentir ? Mais je
ne voulus pas consentir à souiller mes mains
de sang. Elle me dit alors : « D'après notre
religion , ils sont trop proches-parents pour
s'épouser ; mais je n'attends rien de ce motif ,
car ils peuvent se faire hérétiques. » Alors ,
comme si le démon s'emparait de ceux qui
comme moi ont des connaissances au-dessus
de leur rang, je lui dis : « Mais on peut leur
faire croire qu'ils sont trop parents pour
qu'aucune loi chrétienne permette leur mariage. »

Le comte de Glenallan poussa un cri aigu :
—— Ah ! Éveline Neville n'était donc pas la....
la....

—— La fille de votre père , voulez-vous dire ?
non , que ce soit un tourment ou une consolation pour vous ; connaissez la vérité , elle
n'était pas plus que moi la fille de votre père.

—— Femme, ne me trompez pas ; ne me
faites pas maudire la mémoire d'une mère que
j'ai depuis si peu de temps déposée dans le
tombeau , pour la part qu'elle a pris dans le
complot le plus infernal....

— Réfléchissez, milord Géraldin, avant de médire la mémoire de votre mère qui n'est plus ; n'y a-t-il personne de vivant de la maison de Glenallan dont les fautes aient causé cette épouvantable catastrophe ?

— Voulez-vous parler de mon frère ? il est mort aussi.

— Non, c'est de vous que je parle, lord Géraldin. Si vous n'aviez pas manqué à l'obéissance que vous deviez à votre mère, en épousant en secret Eveline Neville pendant qu'elle demeurait à Knockvinnock, notre complot vous aurait séparés pour un temps, mais n'aurait pas ajouté les remords cuisants à vos chagrins. Votre conduite a été le poison qui a rendu mortelle la blessure que nous avons faite. Si votre mariage avait été public, notre stratagème n'aurait été employé que pour y mettre obstacle.

— Grand Dieu ! s'écria l'infortuné seigneur ; il semble qu'un épais bandeau tombe de mes yeux. Oui, je comprends aujourd'hui ces efforts que faisait ma malheureuse mère pour me consoler, en paraissant douter de la vérité du crime horrible dont ses artifices semblaient m'avoir rendu coupable.

— Elle ne pouvait pas parler plus clairement, répondit Elspeth, sans avouer sa fraude,

et elle anrait mieux aimé être traînée par des
chevaux fougueux , que de dévoiler ce qu'elle
avait fait. Et si elle eût vécu, j'aurais gardé
le silence. La race de Glenallan était une fière
race ; les vassaux et tous ceux qui se ralliaient
au cri de guerre de *Clachnaben* , étaient aussi
courageux; pas un ne se serait séparé de son
chef ni pour l'or ni pour l'appât du gain, sans
examiner qu'il eût tort ou qu'il eût raison. Les
temps sont changés maintenant, dit-on.

L'infortuné comte était trop occupé de ses
réflexions déchirantes, pour faire attention à
l'expression grossière d'une fidélité sauvage ,
dans laquelle celle qui avait causé ses malheurs
semblait trouver une source de consolation.

— Grand Dieu ! s'écria-t-il , je suis donc
délivré du crime le plus horrible dont un
homme puisse se souiller , crime, qui, quoique involontaire , a troublé la paix de mon
cœur , a détruit ma santé , et me conduit au
tambeau avant le terme fixé par la nature.
Acceptez, dit-il en levant avec ferveur les
yeux au ciel, acceptez mes humbles actions
de grace ! si je vis misérable, au moins je ne
mourrai pas souillé d'un crime si horrible.
Et toi... continue ce que tu as à me dire, continue, tant qu'il te reste assez de force à toi
pour parler , à moi pour écouter.

— Oui, l'heure où vous pouvez encore
entendre, et moi parler, s'écoule rapidement.
La mort a marqué votre front de son doigt,
et je la sens qui glace déjà mon cœur. Ne
m'interrompez plus par vos exclamations, vos
gémissements et vos reproches, laissez-moi
terminer mon récit. Et si vous êtes un comte
de Glenallan comme j'ai entendu dire dans ma
jeunesse qu'il en a existé autrefois, ordonnez
à vos vassaux de ramasser des épines, des
bruyères et des branches de houx ; qu'ils en
construisent un bûcher aussi haut que votre
château ; qu'ils y brûlent la vieille sorcière
Elspeth, et tout ce qui peut vous rappeler
qu'une telle créature a rampé sur la surface
de la terre.

— Continuez, dit le comte, continuez ; je
ne vous interromprai plus.

Il parlait d'une voix à demi suffoquée, mais
résolu de se contenir pour ne pas se priver des
moyens d'acquérir les preuves du récit qu'il
venait d'entendre. Mais Elspeth était épuisée
par la longueur même de sa narration, la
manière dont elle raconta le reste de son histoire ; n'avait plus le même ordre et la même
clarté, et quoique elle fût assez intelligible,
elle n'avait plus cette étonnante concision.
Lord

Lord Glenallan , lorsqu'elle eut inutilement
essayé de continuer son récit, fut obligé d'aider
sa mémoire en lui demandant quelles preuves
elle pouvait donner de la vérité d'une histoire
si différente de celle qu'elle avait autrefois
racontée.

— Les preuves de la naissance d'Eveline
Neville étaient en la possession de la comtesse,
et il y avait des raisons pour les tenir secrètes
pendant quelque temps. On peut encore les
trouver , si elle ne les a pas anéanties , dans
le tiroir à gauche de l'armoire d'ébène qui
était dans son cabinet de toilette. Elle avait dessein de les tenir secrètes jusqu'à ce que vous
fussiez parti pour voyager dans les pays étran-
gers, et elle espérait renvoyer miss Neville
dans son pays avant votre retour , ou la marier.

— Mais ne m'avez-vous pas montré des
lettres de mon père qui , à moins que mes
sens ne m'aient trompé dans ce moment horrible , semblaient avouer sa parenté avec....
avec la malheureuse...

— En effet ; et comment pouviez-vous en
douter, lorsque mon témoignage confirmait
ce fait ? Mais nous avions supprimé la véritable explication de ces lettres , c'est-à-dire ,
que l'intention de votre père était de faire

passer cette demoiselle pour sa fille ; pendant quelque temps , par des raisons de famille.

— Mais lorsque vous apprîtes notre union, pourquoi persistâtes-vous dans cet horrible artifice ?

— Ce ne fut qu'après que lady Glenallan vous eut communiqué cette fausse nouvelle, qu'elle soupçonna que vous étiez mariés , même alors vous ne le lui avouâtes pas distinctement ; mais vous devez vous rappeler , vous ne pouvez pas avoir oublié ce qui se passa dans cette horrible soirée.

— Vous avez juré sur l'évangile le fait que vous désavouez maintenant !

— C'est vrai , et j'aurais prêté un serment encore plus saint si je l'avais pu ; j'aurais exposé mon ame aussi bien que mon corps pour servir la maison de Glenallan.

— Misérable ! et vous appelez cet horrible parjure , un service rendu à la maison de vos bienfaiteurs.

— J'ai servi celle qui était le chef de cette maison , de la manière dont elle ordonnait de la servir. Les motifs étaient entre Dieu et sa conscience, la manière dont je l'ai servie est entre Dieu et la mienne. Elle est allée rendre ses comptes, il faut que je la suive. Vous ai-je tout dit ?

— Non, répondit lord Glenallan ; vous avez encore bien des choses à me dire. Vous avez à me raconter la mort de cet ange que votre parjure réduisit au désespoir. Parlez vrai : cet horrible... accident... (il pouvait à peine articuler ces mots) a-t-il eu lieu de la manière dont il a été raconté ? ou fut-il un acte de cruauté, tout aussi atroce, dont d'autres se rendirent coupables ?

— Je vous comprends, dit Elspeth ; ce qu'on a dit était vrai : notre faux témoignage fut la cause de sa mort, parce qu'elle fut l'effet de son désespoir. A cette horrible découverte, lorsque vous vous précipitâtes hors de la présence de la comtesse, et que vous montâtes à cheval pour quitter le château avec la rapidité de l'éclair, la comtesse ignorait votre mariage secret ; elle ne savait pas que cette union qu'elle voulait empêcher par cet artifice était déjà formée. Vous vous enfuites comme si le feu du ciel eût été prêt à tomber sur le château, et miss Neville, à demi privée de raison, fut mise sous bonne garde. Mais la gardienne s'endormit, et la prisonnière veillait ; la fenêtre était ouverte, le parc était devant elle, le rocher était au bout du parc ; et au pied du rocher, la mer.... Oh ! quand oublierai-je cette nuit affreuse !....

— Elle mourut donc de la manière dont on l'a raconté ?

— Non , milord. J'étais allée au bord de la mer , la marée descendait , et elle venait jusqu'à ma cabane , ce qui était très-commode pour le métier de mon mari... Mais je m'égare. Je vis quelque chose de blanc qui tombait du rocher , le bruit que le corps fit en tombant et le rejaillissement des eaux me prouvèrent qu'une créature humaine se noyait. J'étais robuste , courageuse, et familière avec la mer. Je m'élançai , je la saisis par sa robe, je la mis sur mes épaules , j'en aurais porté deux comme elle ; je l'emportai dans ma cabane et je la mis sur mon lit. Des voisines arrivèrent et apportèrent du secours ; mais les mots qu'elle prononçait dans son délire , lorsqu'elle eut recouvré l'usage de la parole, étaient tels que je me décidai à les renvoyer, et à faire avertir la comtesse. Elle m'envoya sa servante espagnole Theresa. Si jamais le démon a paru sur la terre sous une forme humaine , c'était sous celle de cette femme. Elle et moi nous devions veiller sur cette malheureuse dame et empêcher qui que ce fût d'approcher. Dieu sait quel rôle Theresa devait jouer, elle ne m'en dit rien ; mais le ciel se chargea de terminer cette tragédie. La pau-

vre dame ! elle fut saisie avant terme des douleurs de l'enfantement, elle accoucha d'un
enfant mâle et mourut dans mes bras , dans
les bras de son ennemie mortelle. Oui , pleurez ; elle était faite pour exciter les regrets ;
mais croyez-vous que moi qui ne pus la pleurer alors , je puisse la pleurer maintenant ?
Non , non. Je laissai Theresa avec le cadavre
et l'enfant nouveau-né, pour aller prendre les
ordres de la comtesse. Il était tard ; je la fis
lever , et elle me dit de faire lever votre frère.

— Mon frère ?

— Oui , lord Glenallan , votre frère lui-
même , qu'elle désirait, dit-on , pour son héritier. Quoiqu'il en soit , c'était la personne la
plus intéressée à la succession et à l'héritage
de la maison de Glenallan.

— Est-il possible de croire que mon frère
ait pu, par avarice et par le désir de mon
héritage , prêter les mains à un stratagême
aussi abominable ?

— Votre mère le crut, dit Elspeth avec un
sourire diabolique. Ce complot n'était pas de
mon invention ; mais je ne vous dirai pas ce
qu'ils firent ou ce qu'ils dirent, car je ne l'entendis pas. Ils se consultèrent long-temps dans
le grand salon boisé en noir ; et lorsque votre
frère traversa l'antichambre où j'attendais , il

me sembla que le feu de l'enfer était sur ses joues et dans ses yeux. Mais sa mère était aussi enflammée que lui. Elle entra dans l'antichambre comme une insensée et les premiers mots qu'elle m'adressa furent ceux-ci : « Elspeth Cheyne, avez-vous jamais effeuillé une fleur nouvellement éclose ? » Je répondis que souvent je l'avais fait. « Eh bien, dit elle, vous saurez mieux arracher et détruire ce rejeton hérétique qui est venu cette nuit pour la honte de la noble maison de mon père. Voyez ceci (elle me présenta un poinçon d'or) : L'or seul doit verser le sang de Glenallan. Cet enfant est déjà comme mort, et puisque Theresa et vous, savez seules qu'il et vivant, vous me répondrez de la manière dont vous l'aurez traité. » En parlant ainsi elle s'enfuit comme une furie, et me laissa avec le poinçon dans la main. Le voici ; cela est l'anneau de miss Neville, voilà tout ce que j'ai conservé de mes richesses mal acquises ; car je reçus des dons considérables. J'ai bien gardé le secret, mais ce n'a été ni pour l'or ni pour les présents.

Sa main desséchée présenta à lord Glenallan le poinçon d'or que celui-ci crut voir teint du sang de son fils.

— Misérable ! en avez-vous eu le courage ?

— Je ne sais si je l'aurais eu ou non. Je

retournai dans ma cabane, sans savoir où j'étais : mais Theresa et l'enfant avaient disparu ; il n'y restait plus rien de vivant, rien que le corps sans vie de miss Neville.

— Et n'avez-vous jamais rien appris du sort de mon fils ?

— Je n'ai pu que former des conjectures. Je vous ai parlé du dessein de votre mère ! et je sais que Theresa était un démon. On ne l'a plus revue en Ecosse, et j'ai ouï dire qu'elle était retournée dans son pays. Un sombre rideau fut tiré sur le passé, et le peu de personnes qui en eurent connaissance crurent qu'il ne s'agissait seulement que d'une séduction et d'un suicide. Vous même....

— Je le sais, je sais tout, répondit le comte.

— Vous savez tout ce j'avais à vous dire. Maintenant héritier de Glenallan, me pardonnez-vous ?

— Demandez à Dieu votre pardon et non pas à un homme, dit le comte en se détournant.

— Et comment l'obtiendrai-je de celui qui est pur et sans souillure, ce que je ne puis obtenir d'un pécheur comme moi ? Si j'ai péché n'ai-je pas souffert ? Ai-je eu un jour de paix, une heure de repos ; depuis que ses longs cheveux trempés d'eau ont mouillé mon chevet à Craigburnfoot. Ma maison n'a-t-elle pas été brûlée avec mon enfant au berceau ? Mes bateaux n'ont-ils pas été submergés, lorsque ceux des autres résistaient à la tempête ? Tout ce qui m'était cher n'a-t-il pas porté la peine de mon crime ? Tous les éléments, le feu, le vent, la mer semblaient conjurés contre nous. Plût-à-Dieu que la terre s'unît à eux et me renfermât bientôt dans son sein.

Lord Glenallan était déjà à la porte de la cabane, mais la générosité de son caractère ne lui permit pas d'abandonner cette malheureuse femme dans un tel état de réprobation.

— Que Dieu vous pardonne comme je vous pardonne ! Demandez miséricorde à celui qui seul peut la faire, et que vos prières soient entendues comme si c'étaient les miennes ! je vous enverrai un religieux.

— Non, non, point de prêtre ! point de prêtre ! s'écria-t-elle ; mais la porte de la cabane s'étant ouverte, elle ne put en dire davantage.

FIN DU TOME TROISIÈME.

De l'Imprimerie de PIERRE CHAILLOT JEUNE, ÉDITEUR, à Avignon.

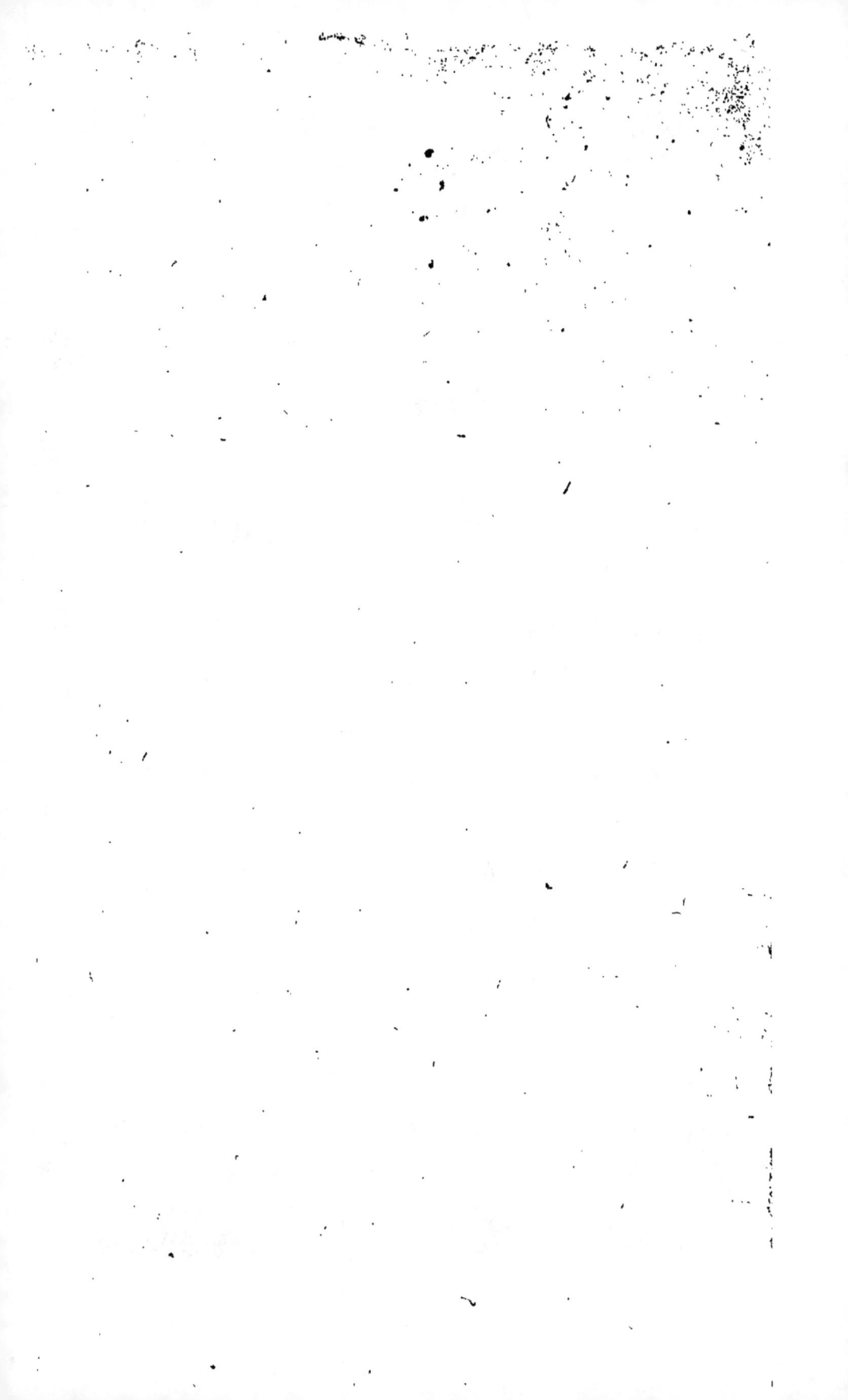

OEUVRES

DE

SIR WALTER SCOTT.

Format in-18.

Ouvrages qui sont en vente :

GUY MANNERING OU L'ASTROLOGUE.
4 vol.

QUENTIN DURWARD OU L'ECOSSAIS
A LA COUR DE LOUIS XI. 4 vol.

LE NAIN MYSTÉRIEUX. 2 vol.

IVANHOÉ OU LE RETOUR DU CROISÉ.
4 vol.

LES PURITAINS D'ÉCOSSE. 4 vol.

L'ANTIQUAIRE. 4 vol.

LA FIANCÉE DE LAMMERMOOR , 3
vol.

A Avignon, chez Pierre Chaillot Jeune,
éditeur , place du Palais , et à Paris , chez
F. Denn , rue des Grands-Augustins.

www.ingramcontent.com/pod-product-compliance
Lightning Source LLC
Chambersburg PA
CBHW070406090426
42733CB00009B/1550